# 婚姻:挑战

[美] 鲁道夫·德雷克斯 著

孙玉超 译

THE CHALLENGE OF MARRIAGE

RUDOLF DREIKURS

天地出版社 | TIANDI PRESS

# Foreword to the Reprint

# 再版前言

我很高兴有机会为鲁道夫·德雷克斯的新版《婚姻：挑战》撰写前言。这是一本关于阿德勒心理学和亲密关系领域的经典著作，是最早专门关注婚姻问题的图书之一。它不仅回答了如何解决婚姻关系中面临的棘手问题，还描述了完善的婚姻关系的各个方面——男人如何做丈夫，女人如何做妻子，以及人们如何通过精心呵护来使爱情之树常青。这本书一直是我开设的婚姻课程中的必读书目，直到现在，我都没能找到一本同样富有思想、效果显著的书来代替它。

维也纳精神病学家阿尔弗雷德·阿德勒认为，如何处理婚姻是个人在社会或心理发展过程中面临的基本挑战之一。

20世纪20年代，阿德勒提出，我们每个人都需要在人生中与至少一个人建立亲密关系。他将这种需求描述为"一项任务或挑战"，而我们必须为了自己的，乃至最终为了团体、社会和整个人类的利益，去完成这个任务或挑战。他说，婚姻是两个人共同生活的任务，是人文和社会的一部分，因此连接着过去和未来。

由阿德勒提出，并由德雷克斯在《婚姻：挑战》中详细阐述的婚姻之道在本质上具有教育性。德雷克斯并未在本书中谈及具体的婚姻病状的诊断、治疗和治愈，而是指出了人们对亲密关系所采取的错误方法和态度，并尝试通过方法上的指导和培训来形成令人满意的、错误较少的婚姻和亲密关系。这套理解婚姻的方法（即识别误解、错误观念、不健康的交往方式，以及训练必要的人际关系技能）不仅有助于为每对伴侣提供补救措施，而且适用于婚前伴侣、婚姻关系的改进和家庭生活教育中的预防。

《婚姻：挑战》充满着智慧的火花，我非常珍视它们。我将书中的这些智慧灵活地借用到我的婚姻教学中。比如，书中谈道："在美满的婚姻中，夫妻双方仅仅因为生活在一起，就能成为更好的自己。""如果我们真爱一个人，就不会在意他是对还是错。这就是为什么人们常说爱是盲目的。"这些观念揭示了健康婚姻的核心本质，这个本质会帮助伴侣们去关注他们真正想从婚姻关系中得到的东西。

一些读者可能会觉得本书的语言有些正式，用词也有点过时，这是因为《婚姻：挑战》写于1946年之前。尽管现在我们不再将有性交困难的女性称为"性冷淡者"，但我们也能明确地知道书中所要表达的是什么意思；现在我们也很少将成年女子称为"女孩"，但从历史上来看，这是过去的一种惯常用语。正如阿德勒学派的人常说的那样，读者可以认为这种风格有点过时，也可以认为它很易懂。我个人认为，这种严肃的风格、简洁的词句令人耳目一新。书中没有关于婚姻的说教，而是直截了当地告诉读者，如果想要一段牢固、忠诚的婚姻，必须具备的条件和动力是什么。

德雷克斯写于20世纪40年代早期的很多内容，预见了近几十年出现的婚姻咨询的许多理论和方法。他关于"婚姻关系以所有家庭成员之间的互动为基础"的讨论，早于鲍恩的家庭系统理论；而他关于"婚姻的逻辑与心理学意义"的研究，后来由亨德里克斯进一步扩展开来。德雷克斯在"女性解放的文化意义"这一部分中，对男性和女性处理相似问题的不同方式进行了解释，五十年后，约翰·葛瑞在他的通俗心理学著作中也对此进行了回应。

我非常清楚地记得《婚姻：挑战》对我本人的婚姻产生的影响。1971年，我正在攻读硕士学位，阅读了所有能体现阿德勒心理学的关于婚姻和家庭思想的资料。那时我已经结婚七年了，和大多数夫妻一样，我们有个一直没有解决的问题。我强烈地认为，如果我陪我的丈夫——一个比我更狂热的高尔夫球手——一起打高尔夫球，那么反过来他就应该和我一起参加我特别喜欢的活动。可他对此并不认同，我因为他不能跟我一起参加我喜欢的活动而伤心。然后，这本书里的一句话突然出现在我的脑海里："在双方兴趣发生冲突的情况下，最好的解决方法是让双方各自做自己喜欢的事。既不把自己的好恶强加于对方，也不允许对方强加给自己。"这个通情达理的见解立刻让我从对丈夫的要求中解脱了出来，我决定和他去打高尔夫球，因为我非常享受和他在一起的时光。后来，我意识到我的父母从来没有独属于自己的娱乐时间，他们总是陪着对方，父母的这一举动促使我去理解婚姻中的生活方式。

美国每年会有200万成年人和100万儿童受到离婚的影响。每两段婚姻关系中就会有一段以离婚而告终，有三分之一的儿童会经历父母离异。婚姻关系不稳定的感觉不仅会影响亲属和家人，还会影响邻居、孩子的同学乃至整个社会。大多数即将步入成年期的男女都对婚姻充满焦虑。

过去的二十年里，在女性角色转变及两性期望值提高的推动下，北美的婚姻文化经历了一场深刻的、不可逆转的变革。历史上第一次出现了夫妻双方可以在完全自愿的情况下，决定是否让婚姻关系存续下去。无论出于何种原因，只要有一方提出"我想离婚"，接下来的离婚事宜通常就会很简单，甚至费用也很低。多年前，德雷克斯曾提出"家庭并没有瓦解，但是面临严重困境"，这个说法到现在仍然成立。

这是民主化及其伴随着的平等化进程而引发的结果。可是，秉持传统的观念并不能让我们为此做好准备。我们不知道如何本着相互尊重的精神来解决分歧和利益冲突，而相互尊重恰恰是生活于民主氛围中的先决条件。

《婚姻：挑战》一书指导我们找到独特的解决方案，来应对这个使我们的社会结构面临巨大威胁的问题。

德雷克斯在1974年版《婚姻：挑战》前言中写的最后一段话，同样适用于1998年版——

本书试图对我国在民主氛围中处理婚姻关系的新方法进行概述。它建议人们学会平等相处。它旨在为错综复杂、局势紧张的新社会提供具体的指导，这个新社会正在从专制的过去走向民主的未来。

克莱尔·霍斯博士
1998年5月24日

# Preface to the 1974 Edition
## 1974年版前言

本书出版时预言的某些发展趋势在当今社会已成为司空见惯的事情。破坏婚姻和谐，甚至威胁婚姻存续的矛盾冲突与紧张之势愈加频繁和强烈。

然而，尽管美国社会的家庭有很多缺点，但是我们的家庭关系并没有瓦解。的确，许多婚姻缺乏性满足，也常常无法为孩子提供社交、情绪、智力等方面的成长发育所需的适当激励与指导。而这两者又被人们认为是婚姻的两个重要功能，因此，许多人开始对婚姻的作用产生怀疑，可这种怀疑是毫无道理的。

我们认为，家庭并没有瓦解，而是面临严重的困境。这是民主化及其伴随着的平等化进程而引发的结果。可是，秉持传统的观念并不能让我们为此做好准备。我们不知道如何本着相互尊重的精神来解决分歧和利益冲突，而相互尊重恰恰是生活于民主氛围中的先决条件。事实上，我们尚无法在文化上实现真正的平等共处，这对于我们最亲密的关系——婚姻——来说，恰恰是最令人痛苦的事情。

过去十年中，一个显著的变化是社会朝着新的女性化模式发展。这种趋势对女人与男人、女人和儿童之间的关系产生了深远的影响。虽然也有例外，但总的来说，女性不再试图通过模仿男性来宣扬自己与男性的平等。这本书首次出版时，曾谈到女性举止阳刚化的倾向。在当时，男性的优势仍被广泛认可，但同时也受到了挑战。如今的情况则完全不同。女人不再仰视男人，尽管男人希望继续如此。男性尊重女性已成为一种更为普遍的现象。人们几乎看不到无所不能的父亲，却常常能看到这样的母亲。

美国女性正在竭尽全力做到"优秀"，我们必须对"优秀"重新进行定义，它不再是传统意义上对女性的期望和要求，即单纯、贞洁、高尚。女人并不一定要保持贞洁，但即使享有性自由，她们也想保持行为的"得体"。得体、合乎礼节、无可指责，是女性普遍认可的理想状态。女性已成为评判人和审查员，成为品行和道德的管理者，将她们认为适当的行为准则施加于男性和整个社会。一个国家的性观念和性习俗，将在很大程度上取决于女性对此所形成的态度和习惯。现如今，她们要么试图要求男性保持忠诚和贞洁（以前只要求女性做到），要么要求享受男性在过去时代所享有的性自由和性开放。

在过去，男性独享政治和社会权力，根据他们的喜好和利益确立了各项社会准则，而女性则必须顺从和遵守对贞洁的严格要求。如今，贞操是女性的权利、女性的特权。过去的十年里，很少有男人因为妻子而寻求婚姻咨询，丈夫对妻子行为不端的抱怨被认为是天经地义的。当今，妻子们会控诉丈夫的行为不当，抱怨他们过于被动、冷漠、孤僻，或者太蛮横、太专制。我们很少看到丈夫告诉妻子怎么做得体，通常是妻子告诉丈夫这些。女性对完美和得体的渴望，使得丈夫和孩子连"做得足够好"的机会都没有。越来越多的男孩在成长过程中错误地认为：要想成为一个真正的男人，就必须"坏"或会打架。以前，男人必须可靠、明智、坚强、值得信赖，而女人则应该软弱、温柔、情绪化，并且反复无常、不可捉摸。现在，在某种程度上，我们甚至目睹了两性发展的相反趋势，即以前男人什么样，现在女人就什么样。男性不再高高在上，相反，出现了女性至上的社会文化，可这并不意味着我们有倒退回母系社会的危险。在民主发展的过程中,任何群体都不可能永久保持自己的优越地位。出现这种混乱和摇摆是民主变革和我们探索新关系的必然结果,而这个新关系最终将建立在人人平等的基础上。

过去十年中,第二个显著的趋势是孩子的自立。越来越明显的是,成年人在孩子面前逐渐失去了权力和威严,孩子也体会到了自由和自主的感觉。尽管孩子可以自由地根据自己的决定行事,但他们通常不会发展出相应的责任感。没有责任的自由可能会对社会造成相当大的威胁。许多父母不想对孩子太专制,而选择纵容孩子。过度纵容带来的痛苦后果日益明显。我们目睹了这样的趋势:为了遏制青少年的反抗和叛逆,家长们重新回到了严厉的方式上。但是,纵容和严厉都解决不了问题,父母需要新的方法,使他们能够平等地对待孩子,与孩子成为伙伴,从而做到相互尊重。

如果我们缺乏在民主氛围中相处的知识和技能,我们的家庭就会成为一个"战场",充满紧张和敌对的氛围。夫妻俩很难和平相处,而孩子也参与到了这场"战争"中,这时婚姻关系往往会紧张至濒临破裂。由此,孩子非但不能促进家庭和谐,反而成为婚姻走向破裂的因素。

本书试图对我国在民主氛围中处理婚姻关系的新方法进行概述。它建议人们学会平等相处。它旨在为错综复杂、局势紧张的新社会提供具体的指导,这个新社会正在从专制的过去走向民主的未来。

德雷克斯于芝加哥

# Introduction

# 序　言

　　写一本关于婚姻的书，作者肩负着很大的责任。关于性和婚姻，人们已经写过很多书，也读过很多书，但这些书并不总是给读者带来益处。人们常常以阅读和思考为借口，其实是为了逃避为解决问题而采取行动。

　　不过，批判式的阅读可以达到另一个目的，即它可以系统地分析每本书提出的观点，从而为解决问题找到建设性的方法。本书希望激发的正是这种批判式的阅读方式。

　　爱情、性和婚姻所涉及的一切问题都可以看作社会、文化、政治、经济和心理的发展在个体身上的体现。只有先了解这些，我们才能找到解决问题的方法。作者的专业背景使他倾向于强调心理机制。然而，任何心理研究都不能忽视对个人产生直接影响的社会环境和文化环境。本书旨在将社会学和心理学的研究整合起来。

纵观本书，读者将感受到阿尔弗雷德·阿德勒思想的显著影响。出于以下几个原因，作者选择了阿德勒的个体心理学作为理解人性本质的基础。

首先，阿德勒对个体人格的诠释——他发现每个人都有自己独特的生活方式——成为现代心理分析的依据。生活方式代表了每个人关于日常生活的基本观念和看法，因此，对个人行为目的和态度的认知，成为理解一个人所有行为、思想、情绪的依据。

使用阿德勒个体心理学的第二个原因是它的建设性和乐观性。与其他心理学家不同的是，阿德勒将生命视为一个不断发展的过程，而不仅仅是一个终将走向死亡与毁灭的无奈之旅。只有从这个角度来看，我们才能理解人类的进化过程，以及已经取得的和必将继续取得的那些进步的意义。

使用阿德勒个体心理学的第三个原因是，它的发现与当前社会发展和政治科学发展的趋势相一致。阿德勒心理学强调人际关系的重要性，它比我所知道的其他任何心理学都更适于用来理解和解决社会问题——毕竟一切人类问题在本质上都是社会问题，没有哪个问题只影响某个人。显然，性和婚姻问题也需要夫妻两个人共同来解决。

如果本书能澄清问题，促使夫妻双方相互理解并鼓励他们共同努力，而且这个过程又能够带来改进、发展和建设性的行动，那么本书的目的就达到了。

# Contents

# 目 录

第一章 爱是什么？· 001

第二章 两性之间的战争 · 021

第三章 性的概念 · 049

第四章 选择伴侣 · 075

第五章 共同生活 · 117

第六章 嫉妒 · 145

第七章 婚姻中的问题与冲突 · 175

第八章 为人父母 · 231

第九章 解决性的困惑 · 273

# What is Love?

## 第一章
## 爱是什么?

我们都知道爱。每个时代都有诗人、歌唱家赞美它，有愤世嫉俗者、玩世不恭者抨击它，有心理学家、哲学家解读它。没有人否认爱的存在。我们只对什么是爱进行争论，因为有多少人想拥有爱，就有多少种爱的定义。

那么，既然爱无人不知，为什么人们对它的本质却有完全不同的看法呢？对每个观察者来说，爱是否披上了不同的外衣？它是否会随着人类生存的历史年代、文化环境的不同而不同？又或者，它是否会随着爱人（或者爱的诠释者）的性别、年龄以及恋爱经历的改变而改变？

在审视爱和探究其他任何人类现象的本质时，我们须从心理学和社会学这两个层面同时入手。心理学层面涉及个人的态度和目标，这些态度和目标以个人的智识和情感发展为基础；社会学层面涉及个人生活环境中的社会观念和习俗。对爱的客观评价必须包括这两个层面。在这一章中，我们将从心理学层面来探讨爱。

由于心理学将爱视为一种情绪，因此我们首先来探究情绪的普遍特征，然后再探究爱这种情绪的独有特征。

## 情绪的功能

情绪通常被认为是由某些环境因素引起的，即受到某种刺激的个体会自动做出与这种环境相对应的情绪反应。例如，对婴幼儿来说，响亮的噪声（如雷声）或缺乏陪伴，就可能会引起他们的恐惧反应。成人对恐惧的反应更为复杂，但它同样是建立在这种原始的"刺激-反应"机制的基础上的。如今，人们已广泛接受了"人类行为主要是以'刺激-反应'机制为基础"这一理论。

根据弗洛伊德的理论，一个人所有的恐惧都可以追溯到其出生时的"心灵创伤"，即每个人从温暖安全的母体环境来到冰冷世界的过程中所经历的"原始焦虑"。弗洛伊德还提出，恐惧和焦虑是由性冲动受到压抑而无法正常宣泄引起的。[1]

虽然这些观念很有趣并且可能是正确的，但它们却不足以解释恐惧的真正目的。显然，个人出于生理或心理的

---

[1] 西格蒙德·弗洛伊德，《精神分析引论》（*Introductory Lectures to Psychoanalysis*），波尼和里福莱特出版社，纽约，1920年。

原因是需要拥有恐惧情绪的。换句话说，它的目的是让人避免陷入危险或不愉快的境地。从目的论的角度来看，恐惧不仅有助于我们更好地理解恐惧所涉及的心理机制，而且能为我们提供处理恐惧的好办法。恐惧的目的可能不容易被识别出来，特别是在一个人的常识和逻辑不能证明这种恐惧是正当的情况下，比如那些假想的危险或不合理的焦虑。然而，对这种"非正当恐惧"的深入的心理学研究表明，恐惧有一个非常明确的目的，即促使一个人对某种危险采取防御态度，这种危险可能不仅危及其身体健康，还影响其威望和社会地位。

所有的情绪都指向特定的目的，即使成年人的这些目的并不明显，且常常掩藏在复杂、隐秘的心理现象背后。情绪是由个体主动选择的。我们要理解这一事实是很困难的，因为如果我们一旦意识到了情绪的目的，它就不能发挥作用了。因此，从心理学角度讲，一个人不承认自己能够控制情绪是很有必要的。情绪会让一个人准备、支持、采取某种行动，或拒绝某种行动。每个行动都是智识和情绪共同作用的结果。我们会思考我们将要采取的行动的利弊。然而，事实往往是利与弊几乎相等，因此我们很难抉择。为了让自己朝着某个方向前进，我们必须强化这个方向的表面价值。此时，我们唤起了自己的情绪。我们需要情绪来证明我们的决定是正确的，并克服那些可能会在逻辑上阻止我们做选择的障碍。没有情绪，我们就不能有力地采取行动，为此，我们会选择那些有利于维持和增强生活基本方向的情绪。

## 爱是一种情绪

现在，我们来谈谈爱的问题。

爱是否和恐惧一样，是一种有目的的情绪呢？相信很多人一定会反对这种说法。我们从小就被教导，"爱"是一个人遇到自己那个"对"的人时会发生的事情。大多数文学作品、电影及其他艺术形式，都为爱披上了神秘的外衣。我们谈到当一个人"坠入爱河"或"失恋"时，他就像不小心被绊了一跤，是一种意想不到、无法解释的感觉，有着一定的偶然性。事实上，爱常常就是意外降临的。我们口口声声说，爱是永恒的、不求回报的、痛苦的、幼稚的、包容的、盲目的，就好像它有很多不同的类型，而不仅仅是有各种不同类型的爱着的人。难道爱是某种神秘力量作用于幸运相遇了的两个人身上的结果？难道我们只是爱的被动承受者吗？

让我们暂时将这些疑问集中在性冲动上。性冲动被视为"爱"这种复合情绪中"最不可控"的因素。如果我们能证明，即使最基本的性欲也在我们的控制之下，是用来满足我们的某种目的的,也许我们就能更容易地接受"爱本身具有目的性"这一观念。

## 性的功能

长期以来,我们一直用动物的性行为来解释人类的性行为,这是一种令人遗憾的做法。甚至,我们的语言习惯也证实了这一点,想想下面这些词的用法:狼(引申义为色狼)、狗(引申义为同性恋者)、狮子(用在女人身上时引申义为性主导者)、公牛(引申义为奸夫),古英语中的"乌龟"(引申义为被戴绿帽子的男人)、西班牙语中的公山羊(引申义为出轨的男人),以及"母狗"(引申义为荡妇)。我们似乎随时准备用一种原始的、本能的、类似动物那样的欲望来解释(以及谴责或者原谅)我们的性行为,还会控制我们的性行为,而控制的程度取决于我们的"文明"程度。如果我们能抛开以下生物学事实的话,那么上面这类解释就很容易接受。

第一,动物的性行为受到物种和性别的限制,人类的性行为却并非如此。仅拿鸡奸[1]的例子就可以证明这一

---

1 《现代汉语词典》的解释为:男人与男人之间发生性行为。——译者注

点。

第二，动物的性行为受雌性动物发情周期的时间限制。换言之，雌性动物只有在发情时才为性行为做好准备，而雄性动物的性冲动只会被渴求性的雌性动物唤醒。而人类不是这样，从生物学角度来讲，成年人随时都可以发生性行为。

第三，动物的性行为受到性器官功能的限制。阉割能使动物变成中性或无性，而人类即使在青春期后切除卵巢或一侧睾丸，性行为也几乎不会发生变化。并且，人类在青春期即性器官尚未成熟之前，或者更年期即性器官功能衰退甚至丧失之后，仍会产生性兴奋。

第四，动物的性行为不仅会受到各种限制，还具有强迫性。雄性动物的性冲动一旦被唤醒，它就必须发生性行为，而且只有强行阻止才能让它停下来。

当然，有人可能会用观察到的某些动物特定的性行为来反驳这些事实。但应该注意的是，那些在性行为上接近人类的动物，也受到了人类所处环境的影响。家畜、家禽及群居动物，在许多方面与其他动物有所不同。最不受性限制和没有性冲动的动物，几乎都是群体生活最紧密的物种，比如蜜蜂和蚂蚁，它们几乎已达到了能完全掌控性的程度。例如，它们可以通过自身的努力来决定后代的性别，甚至仅通过饮食控制就可以繁衍出无性的后代（工蜂），目前这在动物界是绝无仅有的。

有些灵长类动物，如猿和猴子在性行为上与人类很相似。它们的性行为和人类的一样，没有特定的时间限制。它们之所以不受发情期的限制，是因为它们通过性行为来获取支配和主导地位——这与受荷尔蒙刺激而发生性行为是不同的。[1] 由于获取主导地位的驱动力随时随地都存在，因此性行为在这些动物发情周期的任何时候都可以看到。

很明显，人类在性的表达上也不受生理周期和强迫性的限制。我们学会了控制周围的环境，同时也学会了控制自身的生理冲动。在性方面，我们呈现出不同的形态——无论性器官处于什么状态，也不论我们多大年龄，都能产生异性恋和自慰行为等。同时，如果我们愿意的话，我们也可以拒绝任何性行为。

人们提出了许多理论来解释人类的生理性冲动是如何演变成今天这样的。这些理论的大多数支持者都有一个共同的观点，即在个体发展的过程中，每个人都会受到过往经历的影响，而这些经历决定了其未来的性取向。这些经历可以

---

[1] 亚伯拉罕·哈罗德·马斯洛，《个体心理学和猴子与猿的社会行为》（*Individual Psychology and the Social Behavior of Monkeys and Apes*），见《国际个体心理学》杂志，第1卷，1935年。

被认为是影响性欲的精神创伤，或者被看作某种引发个体对其"与生俱来"的性冲动进行"调节"的刺激。不论哪种理论，个体的性行为都会被认为受到了环境的影响。

这种观点给某些人带来极大的安慰。如果一个人接受了这个观点，那他的任何放纵行为都可以得到理论的支持，唯一的前提是他曾遭受过"性创伤"。（谁没有遭受过！）现在的难题是，在童年和青春期有过相同性经历的诸多个体中，只有少数人会成为性变态，并且在这些人中，没有任何一个人的性行为模式与其他人完全相同。

## 性是一种工具

很明显，一定有某种东西决定了性行为模式。有没有可能是我们自己选择了性行为的表达模式呢？这种选择是否反映出我们对性的使用有着明确的目的？下面的例子可能有助于回答这些问题：

五十四岁的D夫人抱怨道，她六十多岁的丈夫性欲太强。她的性欲已经明显下降了，D先生却几乎每晚都要跟她亲热——甚至比他年轻时还频繁。他坚持说他无法控制自己的欲望，而满足他的欲望是妻子的责任。

有人建议D夫人不仅要满足丈夫的要求,还要表现得比他更有激情,甚至对他提出更多的性要求。她半信半疑地接受了这个建议。后来她反馈说,她行为上的这一变化让她丈夫极为吃惊。起初,她丈夫不知道该怎么办,随着她提出的要求越多,她丈夫越退缩,最后,她丈夫阳痿了。

不难看出,针对这个案例,我们不只是要处理性冲动,否则妻子的做法不会导致丈夫阳痿。实际上,这对夫妻是在争夺主导地位,丈夫在用性能力来争取"权力"。婚姻中的基本问题不是性,因此上述策略解决不了他们之间真正的问题。但是,这个案例提供了一种如何利用性的方式。性服务于我们的基本生活目标,我们会根据这些目标来选择表达性的模式。[1]

如果接受了这个论点,我们又该如何解释我们看不出自己性行为的目的这个事实呢?难道是因为我们不想对自己的行为负责,所以让自己看上去像是性冲动和情绪的被动受害者?只要我们的基本意图符合良知,我们就会对自己的行为

---

[1] "我们通过一个人处理爱和性问题的方式,可以很好地了解他的性格。"亚历山德拉·阿德勒,《不合群者的合群指南》(*Guiding Human Misfits*),麦克米伦出版公司,纽约,1938年。

承担全部责任。但有时我们的意图并不和良知一致，这时，我们就会拒绝承认自己的意图，并试图用情绪来为自己的行为辩护。下面的例子可能有助于说明这一点：

> 约翰彻底坠入了"爱河"。他对艾丽斯的爱是如此强烈，以至于满脑子都是她。不幸的是，艾丽斯没有回应，拒绝了他的求婚。但约翰是那种想要什么就一定要得到的人，于是，他坚持不懈地追求她、恳求她，而艾丽斯依旧不为所动。最后，约翰绝望了，他以自杀来威胁艾丽斯。这时艾丽斯妥协了，这难道还不能证明他有多爱她吗？于是，艾丽斯嫁给了约翰。
>
> 这时，约翰对艾丽斯失去了兴趣，他常常忽略她，甚至在性方面也是如此。当艾丽斯哭着抱怨约翰不再爱她时，约翰告诉艾丽斯他自己也没办法，因为他不再爱她了！于是，艾丽斯和约翰离婚了。
>
> 然而，约翰再次"爱上"了艾丽斯。他不能没有她，这次约翰是真的深爱着艾丽斯。他再次追求她，甚至比以前更加热烈。为了逃避约翰，艾丽斯嫁给了别人。
>
> 现在，约翰真的受到了挑战。他再次下定决心要娶艾丽斯为妻，于是他威胁艾丽斯现任丈夫的生命。为了保护后者免受威胁，艾丽斯离了婚。约翰加紧了追求艾丽斯的步伐。他对艾丽斯说，离婚给了他一个教训，他需要艾丽斯，而且他"改邪归正了"，

现在他对艾丽斯的爱是深沉的、永恒的。于是，艾丽斯又嫁给了他。

正如人们所预料的那样，不久之后，约翰又开始冷落他的妻子。当然，这不是他的错。不知何故，他又一次感觉不到爱了。

很明显，故事中的男主人公关心的不是建立令人满意的恋爱关系，而是想证明他无论何时都能让一个自己选择的女人爱上他。一旦这个目的实现，他就对这个女人不再感兴趣，直到对她的占有再次受到挑战。激发他采取行动的不是爱，而是让一个女人臣服于他的欲望。把他个人兴趣的波动归因于爱这种本就不太可靠的情绪，真是太容易了！

现在来讨论被我们称之为情绪复合体的爱。我们自己可以决定爱的方向，甚至爱的存在吗？我们是否能像利用性一样，也让爱为我们的基本目的服务呢？

**浪漫的功能**

在如今这个时代，爱的目标往往很奇特。之所以这样说，是因为个体为自己所设定的目标都较难实现。我们当中有多少人在爱情中真的找到了自己理想中的终极幸福？又有多少人对爱情感到失望？那些苦闷地等待爱情降临的人，身上发生了什么？那些久经世故的人冷嘲热讽地宣称他们发现爱是虚无缥缈的，就像儿时怀着喜忧参半的心情发现圣诞老人并不存在一样，那么，这些人身上又发生了什么？

在某种程度上，我们对爱的理解，和对那个不时神秘地进入家中并带来礼物的快乐老人的理解有很多相似之处。我们只需要乖乖地闭上眼睛，兴奋地期待着，圣诞老人就会在叮当的铃声、驯鹿的蹄声和飘落的雪花中欣然到达，把礼物赐予我们。当然，如果我们试图弄清楚圣诞老人是如何来去的，那他就不会再给我们礼物了。

浪漫的爱情是个让人难以放弃的想法。我们希望自己的心被爱冲击，渴望自己的灵魂被某种自己无能为力的神秘力量攻占且征服。我们不愿放弃对浪漫爱情的幻想，就像年幼时我们不愿放弃对美好童话故事的幻想一样。对许多人来说，真爱就应当掺杂少许的不快乐，爱情会让人有点儿心痛、有点儿失眠、有点儿无法专心工作，此外还有一丝丝嫉妒（就一丝丝，多了会适得其反），这样一来人们就拥有了维持浪漫的秘方。谁敢怀疑这个秘方的价值？电影、广播、电视连续剧、杂志和报纸周末副刊中的那些令人惊叹的爱情故事，不是一次又一次地证明了这一点吗？

当我们把已经拥有的爱和我们正在追寻的爱相比较时会

如何呢？如果我们没有常常感到胸部或腹部有一种异样的感觉，如果我们没有要与所爱之人在一起的强烈欲望，我们怎么能确定自己是真的恋爱了？当我们看到和谐地生活在一起的两个人表现出来的只是奉献、责任和归属，我们便认为他们不再是恋人，而是一对"夫妻"。我们会认为，他们不再处于恋爱的浪漫阶段，甚至还会替他们感到有点儿遗憾。那些如唐·璜[1]般的风流男子和那些风情万种的女子的爱情看上去更令人神往！他们喜欢与他人发生浪漫故事，并炫耀他们的功绩以获得赞许。

但是，几个众所周知的现象让我们敢于质疑，也许浪漫并不像上面所说的那样美好，否则，它不会那么容易让人心痛、苦恼和失望。想一想有多少人在单相思，或者想一想这种偶然会发生的情况，一对恋人勇敢地去面对大家对他们结合的反对，可随着所有反对的突然消失，他们的爱也消失了；或者再想一想，往往最不愿意嫁娶的人偏偏是我们最渴望拥有的浪漫爱人——没有人会开心地嫁给唐·璜那样的风流男子，但有多少少女对他充满向往……通过这些现象，我们可以得出一个结论：浪漫的爱情主要是作为一种情绪刺激，来削弱一个人正常的判断力。选择这

---

[1] 唐·璜是西班牙历史传说中一位著名的风流人物。——译者注

种情绪似乎是为了满足人们在现实生活中永远无法实现的幻想。一个沮丧的人才会做这样的白日梦，他不相信自己能有幸福的未来，只好寻求不切实际的快乐以降低自己的绝望感。

还有其他不同类型的爱吗？它会是什么样的呢？它值得我们为了它而放弃对浪漫爱情的幻想吗？

## 爱的功能

爱，就像其他情绪一样，总是在帮助我们实现自己的根本目的。不管在任何情况下，爱的存在与否、爱的方向和程度以及它的持久性，都取决于一个人对自我与另一半之间关系的基本态度。因此，对于一个具有高度社会兴趣的人来说，爱可以是他为另一个人做出的最大贡献，他会奉献他所拥有的一切乃至他自己。这可能是一个人渴望归属感的最真诚的表现。

但是，对于一个缺乏社会兴趣的人来说，爱可能就成了带有敌意的工具，可以助长他不参加社会活动的消极想法。正是在这种对爱的滥用中，我们看到了偏激，甚至看到了暴力，尤其是在不理智或被禁止的爱情中。因为这种爱情可能需要这类强烈的情绪来压制某种常识或良知，并为拒绝承担社会责任提供理由。对社会常识的逻辑抵触越强烈，就越需要找到一个令人信服的托词来证明他的反抗是正当的。有比"正陷于一场不能自拔的爱情中"更好的托词吗？

如果我们承认是根据自己的主要目的来选择爱的方向的，那么就可以说，我们也能决定自己是否要坠入爱河。当然，这个决定我们通常是察觉不到的。

从心理学角度说，意识到自己爱上某人是非常重要的时刻。它的明显特征是渴望奉献自己，并接受对方；对对方有着持续的、排他的兴趣，并且渴望两个人在一起。

只要我们对另一半的态度发生变化，爱的存在就会受到威胁。当社会兴趣因某种深深的挫败感而减弱时，我们就会对以前所忽视的事情变得敏感起来。这时，我们会发现爱情之梦中也存在瑕疵，并开始寻找值得投入真爱的完美爱情。

因此，爱的功能取决于相恋之人的目的。如果他们是为实现共同的福祉而彼此合作，那么爱就成了一件幸事，就像将每个人灵魂深处的诗意激发出来那样美好。如果他们因对彼此灰心、不信任和失望而不愿合作，那么爱就可能成为魔鬼的工具，会摧毁他们的责任和尊严。"只有勇敢的人才能体验到真正的爱。"[1]

## 爱是人生三大任务之一

因此,爱对个体意味着什么,取决于他在整个人生如何使用爱。作为人类社会的一分子,爱是每个人都要面对的任务。爱这项任务,与另外两项人生任务(工作及与他人和睦相处)有着密切的关系。人生的成功意味着很好地完成了这三大任务。完成这三大任务需要我们有社会责任感、勇气,以及与人合作的意愿。一个好丈夫通常也会是一个好员工、好朋友。相反,逃避爱情和婚姻的人可能会是一个胆小鬼,他们在社会生活的其他方面也会退缩不前。

然而,这三大人生任务之间也可能产生矛盾。人们可能会用其中一项任务来对抗另外两项任务。一个人可能会深陷情网,以致他既没有时间也没有清醒的头脑来工作。这就是在滥用自己的爱,以逃避完成其他人生任务。或者,他可能只对自己的工作感兴趣,以此来避免与异性接触,避免其他社交活动。在生活中滥用爱的方式有成百上千种。即使是非

---

[1] 德国埃尔温·韦柯斯布格,《性心理学》(*The Psychology of Sex*),法拉和莱因哈特出版公司,纽约,1931年。

常幸福的婚姻，也可能是基于两个人不愿与别人打交道，以彼此的结合来避免与社会融合而形成的。在爱的领域里，爱的一个要素可以被用来摧毁其他要素：对一个人的性吸引，可能会影响对另一个人的理解和陪伴。这两种情形中的任何一种，都会阻碍形成和谐的两性关系。尽管在这两种情形中，两性似乎都体验到了爱的"感觉"。

## 爱的定义

显然，我们已经明白了关于"什么是爱"这个问题为什么至今还没有令人满意的答案。从科学的角度而言，爱这个词必须包含异性之间所有的情感吸引——从略微的同情到最深的忠诚，无论他们彼此是否有明显的性渴望。除此以外，它还必须包括所有性别之间的相互吸引。当然，对于实际应用来说，这种宽泛的概念几乎没有什么价值。我们无法客观地确定哪种爱是真诚的，哪种爱是不真诚的；哪种爱是真实的，哪种爱是虚幻的。爱作为一种情绪，是非常主观的。人们把所有强烈的欲望都称之为爱，无论这种欲望是为了奉献还是占有、是为了上天堂还是下地狱、是为了幸福还是痛苦而产生的。

为什么会有这么多人滥用或者根本不用爱这种"与生俱

来"的能力？为什么会有这么多人感到失望和不快乐？为什么和谐美满的婚姻越来越罕见？为了解释这些问题，我们必须探究其背后的社会因素。一个不可否认的事实是，我们大多数人对自己和他人都缺乏信心，没有信心就不可能有建设性的爱。显然，我们还没有为爱做好准备。许多人口中所谓的"爱"，并不是真正的爱。

# The War Between the Sexes

## 第二章
## 两性之间的战争

## 爱的挫折——一个社会问题

数以百万计的人为爱所苦，被嫉妒困扰，他们对自己伴侣感到失望和厌恶，在没有快乐的婚姻中郁闷不堪，在孤独空虚中寂寞难耐，体验不到爱情的美好。这些情况不能简单地解释为他们对爱情不适应。每当一个问题涉及很大一部分人时，我们就必须寻找更深层次的原因，这原因可能在于社会结构，也可能在于在不同程度上影响着所有人的其他负面因素。

因此，在这种探究中，每个男人或女人都是其性别的代表。不论是X先生的婚姻问题，还是琼和男朋友之间的摩擦，他们的问题代表了其他无数男女的类似问题，可以看作是两性冲突的普遍性案例。即便是那些否认两性之间存在战争的人，也都不可避免地被卷入其中。即便是那些意识到两性之间存在战争的人，也很少有人能明白这场战争的真正原因。两性战争是由男女之间天生的生理和心理差异引起的，还是由当前我们社会生活中普遍的紧张情绪引起的？

男女之间似乎存在一种"天然"的对立关系，这种对立关系导致他们之间必然会产生摩擦和战争。"相思病"、嫉妒等现象自古就有，只不过其频率和影响不尽相同。我们有充分的理由相信，再往前数几代人，比如一两百年前的男人和女人会比今天的人们对彼此更满意、关系更亲密。如今，性爱不满和婚姻不顺比以往任何时候都更加频繁地出现。在不同的国家和种族，其两性冲突有着显著的差异。从表面上看，这些差异是由种族的不同或地域的不同决定的。盎格鲁-撒克逊国家的婚姻问题与拉美国家的不同，欧洲的婚姻问题与中国的也不同。但是在比较这些差异时，我们意识到，有一个因素在不同性质和类型的男女冲突中起着决定性的作用，那就是女性在各自社会中的地位。除此之外，夫妻不和在程度和频率上的加剧，与两性社会地位的显著变化息息相关。

## 女性的社会地位

如今，甚至就在我们探讨这个问题的当下，女性的社会地位正发生着变化。我们必须了解这些变化的本质和方向，以便准确评估其影响。显然，当代的女性不再像以前那样依赖男性，她们享有比以往更多的权利。许多坚信"男性至上"的男人（甚至还有女人）都把女性的这种独立视为万恶之源。他们深信，如果女性恢复到半奴隶的地位，不再享有她们如今的社会自由和职业自由，那么人们就能重获婚姻幸福，两性之间就能恢复和平。这一观念的倡导者认为女性天生具有生理劣势，并认为目前两性地位的日渐平等是违背天性的、灾难性的。他们把女性在身高、力量等方面的生理劣势，特别是女性的大脑相对较小这样的研究结果，当作充分的证据以证明"女人天生就是弱者"。莫必斯曾说过："女性在生理上就是低能的。"[1]崇拜"超人"的哲学家尼采在《查拉图斯特拉如是说》中写道："你到女人那里去？别忘了带上你的鞭子！"德国人类学家瓦尔代尔说："大量的测量资料和统计数据证明，她（女性）的大脑比男性要小，体力要弱，在成年之后保留了更多的婴儿期和儿童期的特征。因此……尝试在两性之间建立完全的平等，允许女性参与过去唯有男性才能参与的各种活动，通通都是错误的，并将被证明是失败的。"[2]

---

[1] 保罗·尤利乌斯·奥古斯特·莫必斯,《论女性的生理缺陷》(*Über den Physiologischen Schwachsinn des Weibes*), 马霍尔德出版社, 1901年。

[2] 瓦尔代尔,《两性的身体差异》(*The Somatic Differences of the Two Sexes*), 在埃森市德国人类学协会的公开演讲, 1944年。《科学》, 第103卷, 1946年。

然而，历史证明，这种认为女性天生具有生理劣势的观念并不正确。这一理念的拥护者不承认或不了解女性并不总是处于从属地位。

## 男性科学家的困惑

在人类历史上曾出现过女性占主导地位的时期，被称为"母系社会"。不幸的是，对于"母系社会"的统治范围和时间，我们并没有清晰且全面的认识。尽管这听起来让人难以置信，但是科学家们确实经常误解有关母系社会的证据。目前关于这方面的观点比较混乱，因为每位科学家对此进行的研究都带有个人偏见。自从母系社会和父系社会有了差异之后，即便是对显而易见的事实，也有着各种不同的解释。无论是描述埃及历史事件的希腊历史学家，还是困惑于斯巴达人生活状况的雅典人，都犯了同样的错误，他们在无意中曲解了当时的历史事实。因为这些生活在男权社会的史学家们，不可能理解母系社会的环境和习俗。

当时是这样，现在仍然是这样。1861年，瑞士人类学家巴霍芬出版了他的第一本关于母权制的书，揭示了这种以前不为人知的社会关系。[1]十九世纪末,出现了大量关于母系文化的科学出版物,它们描述了女性统治下的古代社会和原始部落。随着女性日渐解放,这些社会学方面的研究也在不断发展。然而,在二十世纪初,历史学家、社会学家和人类学家的观点却出现了彻底的逆转。芬兰社会学家韦斯特马克[2]是这股潮流的主要代表人物。几十年来,在美国,母系社会被认为是一种伪科学的命题。有趣的是,至少在法西斯主义兴起之前,欧洲的科学家们并没有参与这种认知上的倒退,欧洲著名的社会学家们仍旧认可母系文化的存在,直至纳粹主义[3]兴起。但这些欧洲科学家的出版物在当时美国的学术界几乎无人知晓,也很少在研究中被引用。"母系社会的存在"曾是一个备受嘲讽的观点,可是在罗伯特·布里福尔特的努力下,它重新恢复了科学上的尊严。[4]从布里福尔特与韦斯特马克的公开辩论开始,关于母权制的探讨才再次

---

1 约翰·雅各布·巴霍芬,《母权论》(*Das Mutterrecht*),克莱斯和霍夫曼出版社,斯图加特,1861年。
2 爱德华·韦斯特马克,《人类婚姻史》(*The History of Human Marriage*),麦克米伦出版公司,纽约,1921年。
3 在纳粹统治时期,瓦尔代尔(参见第24页)指出,实际上女性无论在何时何地,其地位都低于男性。
4 罗伯特·布里福尔特,《母亲》(*The Mothers*),麦克米伦出版公司,纽约,1927年。

获得许可。[1]

---

[1] 目前，大多数著名的社会学家和人类学家仍然否认人类社会曾经由女性统治过。在该领域得到广泛认可的罗伯特·罗维强调"并不存在真正母权制的例子"，并说女性从来都没做过统治者 [见《初民社会》（*Primitive Society*），波尼和里福莱特出版社，纽约，1920年]。而布里福尔特、玛蒂尔德和马蒂亚斯·瓦汀 [见《占主导地位的性别》（*The Dominant Sex*），艾伦和昂温出版社，伦敦，1923年]，以及其他学者，却报告了大量相反的科学发现。罗维和其他一些著名的人类学家忽视了远古社会，在这些远古社会中的某些时期，女性曾拥有广泛的主导地位，比如克里特文明、斯巴达时期和早期古埃及。他们研究的主要是原始社会部落，在那里实际上有很多母系社会结构的典型特点：母系主导亲属关系、从母居、舅权以及其他类似的情况。他们虽然描述了这些情况，但没有承认这些女性特有的社会权利恰恰表明了那里处于不同程度和不同阶段的母系统治。

我们必须认同罗维的观点，即"社会现象并不简单，即使是相同的情况，由于伴随着许多未知因素，因此在不同的领域也会产生截然不同的结果"。[见《普通人类学》（*In General Anthropology*），弗朗兹·博厄斯主编，华盛顿希思出版社，波士顿，1938年]。可由此产生的各种形式和结构不应妨碍人们对所有母系社会现象的基本认知。看来，鲁斯·本尼迪克特，尤其是玛格丽特·米德的著作可能会引发人类学的新思潮。她们的研究发现似乎与我们对人类行为的心理学观察结果更吻合。巴贝尔审时度势地说："人类学家的理论是在对广泛分布的原始部落进行详尽研究后得出的，是'合理的假设'。但他们研究结果的多样性以及结果相互矛盾的普遍化，让人犹豫是否要完全接受这些理论。[见《婚姻和家庭》（*Marriage and the Family*），麦格劳-希尔出版社，纽约，1939年。]"出于这个原因，似乎每个概括性的说法——无论是文明社会结构中"母权制先于父权制"的断言，还是"真正的母权制从未存在过"这种说法——都是站不住脚的。然而，在多样化的社会条件下，任何一种社会组织似乎都有可能存在。

显然，有关母权制的科学观点会随着时代和地域的变化而变化：在一个地方被接受的观点在另一个地方可能会被否定；昨天被认为是正确的观点在今天就会被认为是错误的，也许明天又会被认为是正确的。一个有趣的问题是：科学观点的这些变化是因为新科学的发现使得早期的科学发现过时了，还是反映了科学家与其他社会成员一样也受到了社会影响？同样，当今许多科学领域——如人类学、社会学、历史学、精神病学和心理学，甚至物理学——相互矛盾的观点，都表明了任何科学发现都具有相对性，更多反映的是个别科学家的观点，而不是绝对真理，也许没有所谓的绝对真理。我们是否可以假设，科学家们的困惑反映了整个文化时代和我们所生活的社会的混乱？

母系社会中的两性关系不仅有趣,还为我们理解当今的社会环境提供了重要线索。通过对母系社会的了解,目前我们对两性和婚姻冲突的研究,找到了一个全新的角度。在现有社会中,男性特有的功能和权利,被认为是主导性别才会拥有的。而在某些情况下,女性确实曾拥有在当前文化中所有属于男性的权利和特权。"所谓的男性优势没有生物学、精神学和心理学的依据。任何现有的'优势'只是经济(我们更愿意说是社会——作者注)条件的一个功能。"[1]

对圈养的群居动物进行观察,科学家们也发现了类似的情况。"对猴子来说,最强壮的猴子统治着猴舍,它会爬到每一只猴子身上进行性行为。无论充当猴王的是雄性猴子还是雌性猴子,情况都没有差别。如果雌性猴子是最强壮的,那么她的性行为就与雄性猴王完全一样。"[2]

## 占主导地位的性别的四项权利

一个性别对另一个性别的优越性,是通过享有某些特权显示出来的。通过政治、社会、经济和性行为这四个方面的

---

[1] W. 贝伦·沃尔夫,《女人最美好的岁月》(*A Woman's Best Years*),爱默生图书出版社,纽约,1935年。
[2] 参见本书第8页"亚伯拉罕·哈罗德·马斯洛"条。

特权，这个性别确立了其在社会群体中的主导地位。

直到一百多年前，政治权利都一直掌握在男性手中。在男权社会中，女性成为统治者的情况极为罕见，这种罕见的情况仅仅出现在封建社会的某些特殊情境中。正常情况下，女性绝对不被允许担任任何政治和行政职务。

只有在政治上占据主导地位，才会有相应的社会权利，因而女性不享有任何社会权利，她们只能通过附属于丈夫、父亲或兄弟的方式来获得权利。女人的社会地位只能随着她所依赖的那个男人的社会地位的变化而变化。女人可以通过婚姻来获得任何一种社会地位。如果她是单独的一个个体，那她就什么都不是；但是如果有可依赖的男性，那她就能获得社会地位。

女性的经济地位与其社会地位一样，也具有依赖性。女人没有经济能力，只能为男人工作，要么在家操持家务，要么去别人家当仆人。女人不能继承或拥有财产，她的收入是属于她家的男性主导者的，而男人就可以拥有财产，还能与人签订合同、起诉别人或被人起诉。

## 特殊的性权利

占主导地位的性别在性行为方面也有一定的特权，这种特权我们可以称之为"性权利"。"性权利"一词的含义似乎不易理解。每个人"天生"就有结婚的权利、恋爱的权利和满足性欲的权利。除此以外，还有其他的性权利吗？当然有。而且，行使这些"天生"权利的方式至关重要。它们背后有着明确的规则，这些规则指导着每种性别的行为。某些特权是专属于占主导地位的性别的，性权利包括选择、接近和赢得配偶等行为的自由，乃至滥交的自由。

在极端的男性统治时期，女性仅仅是男性发泄欲望的对象，是男性可以不限数量地拥有的私人财产。一夫多妻被认为是理所当然的事情，而女人则被强迫只能忠于一个男人。

母系社会的情况则与之不同。[1]女性拥有政治权利，她们能决定和谁结婚，还能决定后代的社会地位。男人通过婚姻进入女性的家族，子女继承母亲的姓氏。很多时候，社会中重要的职业被女性垄断。女性成为社会群体中聪明能干的那部分人的代表。第一个人类文明很可能是由女性创造的，比如，很可能是女性发现了火的用途，发明了烹饪和制衣等。人们通常认为是女性首先发现农作物并从事农业活动的。男性处于从属地位，是拥有聪明才智的女性的仆人和助

---

1 历史上有关母系社会的所有参考文献（除非有另外说明），均来自布里福尔特所著的《母亲》和瓦汀所著的《占主导地位的性别》中列举的大量科学研究资料。

手。男性的主要职业是猎人和士兵。这类职业有一定的危险性，而女性不应该遭遇这类危险。女性应该做一些灵巧和精细的工作。猎人和士兵则被认为是没有社会地位的。[1]从母系社会的角度来看，我们就能够理解为什么斯巴达男婴在出生后，如果身体不够健康，就会被杀掉。因为他们可能无法成为优秀的士兵，所以对社会群体来说，他们毫无用处。斯巴达女婴则不然，不管她们有没有身体或心理缺陷，她们的生存权都没有任何争议，而且会被无条件地接纳为群体的重要成员。

与女性较高的社会地位相一致，性权利无疑成为女性的特权。举例来说，在斯巴达时期，性自由是女性拥有的专属权利，性行为的所有限制，甚至是极端的贞洁要求，都强加在男性身上。在母系社会中，女性选择丈夫，男性则被动等待。在一些部落中，女性要送钱财给即将与她成婚的男人的家人，并将男人从他原先的族系中除名，然后让他进入她自己的家族体系。

---

[1] 许多人认为，挑选并训练身强力壮的男子，对男性社会地位的崛起起到了决定性的作用。当人类定居下来并建立私有财产制度后，在保护和捍卫新获得的财产时，以前不被重视的男子的体力成为一个重要因素。之前地位低下的士兵成为整个社会群体中最强大的力量，他们的重要地位一直延续至今。亨利·梅因认为，私有财产制度的建立是女性地位衰落的开始［见《古代法》（*Ancient Law*），伦敦，1906年］。人类开始定居和私有财产制度的建立开启了一个新的文化阶段，我们称之为"文明"。

## 女人的矜持是一种文化要求

事实证明，女性的矜持并非与生俱来，也不是基于她的生理结构和能孕育后代的内在机能。女性承担母亲这个角色，既不代表她们就应该矜持，也不能代表她们就有保持贞洁的义务。尽管男人拥有不受数量限制地生儿育女的能力，但专享特殊的性权利并不是该能力的必然结果。矜持这一美德上的约束只针对某一种性别，这源于整个社会环境对性行为必须是"正确"的要求。下面的历史故事可以说明，性行为是否"正确"，只取决于社会习俗。

据说拿破仑在埃及的时候，曾路过一个阿拉伯小村庄。他意外地走进一间简陋的小屋，里面有几个阿拉伯女子。她们看到陌生男子闯入，立即慌张地掀起裙子遮住自己的脸。在她们看来，被男人看到自己的脸是不可接受的。

显然，社会习俗和传统决定了我们的生活方式，在我们这个时代，人们强调自然科学，喜欢将生活方式追溯到生理需求和心理需求的层面上。[1]生活在母系社会的人们，与生活在父系社会的人一样，能为自己的生活方式找到充

---

1 "人是由习俗（而不是自己的本能）塑造的。" 鲁斯·本尼迪克特，《文化模式》（*Patterns of Culture*），霍顿·米夫林出版公司，波士顿，1934年。

分的理由。

在母系社会中，没有过情人的女人结婚的机会是微乎其微的，而有许多风流韵事的女人则更受男人欢迎。如果一个女性不曾被人爱过，那人们就会认为她一定有什么问题。在男权社会中，未婚生子的女人与其他女孩相比，找到丈夫的概率更小；但在母系社会，婚前就证明自己有生育能力的女人绝对是男人的首选。

我们当前的社会文化基本上沿袭了严格的父权制，我们的社会习俗与母权制下的社会习俗大不相同。在母系社会中，通常只有男性被禁止通奸，对男人来说，通奸可能意味着要被处死。而在当今社会，女人必须被动、卑微地等待着，直到男人屈尊来选择她。贞操只是对女性的要求，任何婚前性行为都是男性的特权。令人难以置信的是，就在几十年前，无论一个女孩多么天赋异禀、多么心灵手巧、多么善良体贴，假如她没有保留那层薄薄的处女膜——她的"名誉"，那就没有男人愿意娶她。违背这种社会传统的女性会遭到唾弃。与此同时，男人却毋庸置疑地拥有性自由和不忠的社会权利，尽管这是宗教、道德准则甚至法规明文禁止的。沉迷于婚外性快感的男性，几乎没有失去社会地位的危险，这种现象直到最近才有所改变。现在，男性的这项特权受到了质疑，但还没有从根本上被禁止。而在二十年或五十年前，男性普遍可以毫无顾忌地享受这项特权。

## 男性优越感的降低

过去的一百年发生了巨大的变化：男性的优越感开始降低。女性的地位正缓慢、持续地提升。女性的政治权利已经接近于男性，且开始拥有新的社会权利和经济权利。她们享有一定的社会地位，几乎可以从事任何职业。甚至有些男性的社会地位或者在经济上还要依赖于自己的妻子。女性重新获得了以前被剥夺的性自由。这一切是怎么发生的呢？

大约在十九世纪中叶，随着社会和经济结构的转变，女性对权利的诉求也开始发展。正如私有财产时代的到来改变了女性的地位，并终结了母系社会一样，新一轮的经济变化再次改变了女性的社会地位。在资本主义制度的统治下，个人可以通过拥有一定数量的财产，来获得充分的公民权利和相应的特权。这个新的社会结构以经济实力来评估每个个体。这导致通过世袭获得贵族身份的封建制度走向终结，人权开始建立。

随之而来的自由主义——至少在理论上如此——给了每个人公平的机会，以获取社会所认可的地位。人人生而平等的观念使得以前遭受压迫的群体获得自由和解放。劳动者、有色人种、儿童和女人开始被视为具有基本人权的人，而且他们的基本人权得到了认可。此后，男人对女人的控制力开始减弱。在欧洲，第一次世界大战加速了这一发展。女性开始从事以前只有男性才能从事的职业，并获得了新的社会认可。随着她们新获得的经济独立，她们也开始有了性自由——男人的目光短浅和自负加速了这一进程。这种新的社会环境为男人提供了新的机会，即他可以与同一社会阶层的女性发生性行为，以满足自己的性欲，而无须付出像以前那样的代价，即步入婚姻。也就是说，男性可以找到一个既不需要付报酬，也不用费心去征服的情人。他既不用承担对她的全部责任，也无须放弃自己梦寐以求的性自由。只不过，在男性可以随心所欲的同时，女性也有了享受性欲和婚外情的自由，由此男性的特权开始消亡。

## 爱如战争

在女性受辱和屈从的时代，两性之间的战争可以很容易地理解为被压迫者对压迫者的反抗。许多描述战争的术语都可以用来描述爱情，这反映了两性之间的冲突是一场永恒的战争。举例来说，一个充满魅力的人是"危险的"。调情可以比喻为"战略"，女性是将会被男性"进攻"并彻底"征服"的"堡垒",她必须努力"抵抗"。受到攻击时,她可能会被"削弱";等到女人完全接受她的"敌人"时,就可以说她"沦陷"了。尽管这些术语带有开玩笑的性质,但从中也能看出爱情游戏的战争特性。这场攻占另一个性别的战争具有一个特征,即两性的结合是强者对弱者的征服。

有人认为,当一个性别停止对另一个性别的压迫时,两性之间的紧张关系就能有所缓解。然而,事实恰恰相反。在女性不得不屈从的年代里,她们别无选择,只能勉强接受自己的地位,并认为这是理所当然的。例如,几个世纪前德国的一些小村庄里存在一种司空见惯的情况,即妻管严的丈夫会收到邻居的最后通牒,如果他不愿意或不能征服自己的妻子,他和他的家人就必须离开这个村庄。这是因为如果一个女人支配了她的丈夫,她所起到的示范作用就可能危及其他所有男人的地位和优势。男人应该永远高高在上,这是他的权利和职责。那么,这是为什么呢?因为他是穿裤子的。

如今,男性必须处于统治地位和女性必须处于服从地位的强制性规则,已经过时。女性拥有了新的社会地位,她们可以反抗压迫,可以与"天生"只能屈居人下的命运做斗争。她们要求享有权利,并且有意愿也有能力为获取权利而斗争。由此,两性关系比以往任何时候都更为紧张。两性战争如此激烈,随时都有可能毁灭两性之间的所有合作和理解。

## 当前的混乱状态

激烈的两性战争导致两性之间关系的彻底混乱。迄今为止，所有女人或男人都无法挣脱严格的社会法规。现在，随着旧的社会规则的废止，男人和女人都必须在与异性的关系中重新确立自己的地位。没有哪个女人必须屈从，也没有哪个男人还可以因为自己是男人就高高在上。这样一来，我们发现，现代夫妻在家庭中有着不同的权利分配。有时男性像在男权统治时期那样，拥有所有的权利；而有时女性却拥有所有的权利，就像在母系社会时那样。每对夫妻必须在这两个极端中间找到自己的位置，很少有夫妻能建立起真正的平衡。许多男人和女人仍然坚信"男人必须比女人强"这个陈旧的观念，尽管女性往往不愿承认自己害怕处于劣势地位，而男性虽然也怀疑自己的支配能力，但他们仍觉得需要证明自己的优越感。随之而来的是男人和女人都对所谓的"男性至上"心怀怨恨，这种现象被阿尔弗雷德·阿德勒称为"男性反抗"。[1]每个人都认为异性威胁到了自己的声望，由此便加剧了两性之间的紧张和敌意。

---

1 阿尔弗雷德·阿德勒，《神经症体质》（*The Neurotic Constitution*），莫法特庭院公司，纽约，1917年。

混乱几乎是所有国家两性关系的共同特征，各国女性的地位也不尽相同，没有统一的规则。在比较不同的文化时，我们能预想到会有所不同，比如东方的中国人和欧美人之间会有不同。但令人困惑的是，即使处于同一文化中，人们之间也存在明显的差异。

当今，每个国家都在经历父权制社会的转型，在这个转型阶段，我们可以看到各种各样的两性关系——从男人的绝对主导到典型的母权制统治，在这两个极端之间还同时存在其他各种情况。在全世界范围内，女性都在努力从顺从、依赖中挣脱出来，尽管各个国家的发展进程不太一致。一般来说，拉美国家的发展相对滞后，女性解放运动起步较晚，这也许是因为那里的工业化进程起步较晚。再比如，意大利和法国女性的地位很难与俄罗斯女性的地位相提并论。尽管有些男人把现实与历史进行比较，倾向于将美国视为母权社会，但其实现在任何国家都不存在母权制，美国并没有母权统治的迹象，只不过是美国女性已经获得了相当程度的平等。

## 对女性解放的支持和反对

女性解放的发展十分迅速。对各国的现状进行粗略的分析，我们就可以发现这种变化的速度有多快。随着土耳其和中国废除一夫多妻制，男性至上的最后堡垒也土崩瓦解了。

德国的情况比较特殊。法西斯主义暴露了诸多不易被人辨识的封建制度的特点，还暴露了恢复男性霸权的倾向，这反映出它的反动特性。他们贬低女性的地位，让其像从前一样回归家庭，并将生儿育女视为女性的主要职责。他们还鼓励男性自由地生育后代，从而助长了一夫多妻制。一些被法西斯占领的国家又恢复了奴隶制，女性"奴隶"被当作性工具，甚至被强迫出卖肉体。

在俄罗斯，追求平等的趋势在俄国革命后加速发展。在法律上，女性被赋予比在其他任何国家都多的权利。然而，尽管在法律上平等，但俄罗斯仍然保留了一些男权国家的迹象。之后，俄罗斯出现了明显的倒退趋势，比如一些规定再次重申，当局拥有干预和监管公民私生活的权利。与此同时，之前女性参军是被允许的，但现在又被禁止了。女性在正规军中的地位仍然备受争议。政治权利主要还是掌握在男性手中。当前，全世界关于两性平等的普遍现象是：法律上的平等和事实上的平等并不匹配。许多国家取得了在宪法中承认男女平等的初步进展，但在实践上却相对滞后。

任何关于"美国女性社会地位"的讨论都会遭到质疑。基于传统观念、文化和教育背景的不同，我们倾向于接受或拒绝某些事实,并产生阻碍我们进行客观分析的情绪。如果我们得出结论,即美国女性实际上享有与男性相同的特权,那么这会让许多女性感到高兴。她们喜欢听到这样的说法,并为"她们的"成就感到自豪,甚至有些男性也表示同意——要么带着屈尊就卑的微笑,要么不断抱怨女性拥有的权利太多了。可是很不幸,公正客观的评判会向男性和女性揭示真实的情况,而这会让他们非常不满,因为美国女性——不管他们喜不喜欢听——还未获得充分的特权。任何相信已经建立两性平等的人,都只是从他们固有的父权角度出发,他们担心进一步发展会导致"女性至上"。就连女性自己也让局势变得更加混乱。她们沉浸在想象中的荣耀里面,以为自己拥有了优越感,而这种荣耀是由男人们促成的一种错觉,他们希望把女性的注意力从即将到手的"奖赏"(真正的平等)上移开。让我们面对现实吧:在政治、社会、经济和性行为这四项权利上,男女之间还没有实现真正的平等。

政治:宪法赋予女性与男性同等的权利。但是,女性能够充分享有这些权利吗?女性享有充分的选举权,这一点是无可争议的,但在现实中,女性担任公职的资格却是受限的。就连女性自己都很难想象一位优秀的女性可以成为美国总统,尽管她们一再重申她们坚信男女之间完全平等。那些出于各种理由"尊重女性"的男性也会强烈质疑女性的政治才能。（他们真是大错特错！）

社会：正是在这一领域，美国女性几乎实现了真正的平等，甚至在某些方面超越了平等。但这只是表面现象，它源于男性对"八卦"之类的社交活动的蔑视。真实的情况是：在这个社会中，单身男性仍然比单身女性更容易被接纳。在社交场合，"剩女"令人恐惧，而"剩男"则备受欢迎。与男人娶一个社会地位较低的女人所承担的风险相比而言，女人嫁给比自己社会地位低的男人所承担的风险要高；最为重要的是，女人结婚后仍然需要冠上丈夫的姓氏，而男人则不然。

经济和职业：尽管统计数据表明美国大部分财产都归女性所有，但是谁在管理这些钱呢？毫无疑问是男性，绝大多数金融高管都是男性。某些女性在商业活动中占据高位，尽管这一点不可否认，但她们依旧只是例外情况。人们通常认为，女性的工作并不重要，这体现为女性与男性从事同样的工作时，女性的工资相对较低。很少有女人会对自己的现状感到满意，因为她们知道，即使在今天，许多大学仍是要么不让女性教师进入大学俱乐部，要么只允许她们从后门进入。实际上，许多职业依然将女性排除在外，法律不等于事实。我们可以随便找一位女医生来问一下，看看她在职业上经历了多少艰难险阻。女工程师依旧寥寥无几；当陆军、海军仍然是男性的特权，尽管这一特权正在被削弱。此外，人们普遍认为在失业率大幅上升的时候，女性应该放弃工作，而不是让男性赋闲在家。男人供养妻子是理所当然的，而经济上依赖妻子的男人则会被人看不起。许多婚姻问题的根源在于男人坚信有能力挣钱养家才算真正的男人。在事业上取得成功的女性经常表现出"像男人一样"的气质，而这一点也证实了她们的自我怀疑：自己如果表现得更像个女人，是否能够同样优秀？

性行为：虽然美国女性以性开放和性主动而闻名，但也无法掩盖这样一个事实，即在大多数情况下依然是女性等着男性主动。许多美国女性的爱情悲剧，都源于她们渴望敬仰自己所爱的男人。而悲剧的发生是因为受过良好教育和精于世故的女人很难找到比自己更优秀的男人。当真的找到这么一个男人时，她们又会憎恨他的优秀，并向他发起挑战。尽管许多女性喜欢俯视男性，但她们仍然会拒绝和比自己矮的男性约会。尽管妻子比丈夫地位高的婚姻越来越多，但毕竟仍是少数。女人羞于承认自己的丈夫不如自己，因为这意味着他不是一个"真正的男人"。

## 女性魅力与骑士精神的谬误

通常,女性都希望尽可能多地展现自己的性吸引力,这其实与男女平等的观念相悖。充满魅力、身材曼妙的女孩会被欣赏、羡慕乃至模仿。很少有人会停下来思考,这种现象表明了女性是在以这种方式主动让自己成为男人的性欲对象——这与后宫妃嫔争宠没有太大区别。展现性吸引力一直是处于劣势的性别用来吸引优势性别注意力的方法。

人们很少关注吸引对方注意和赢得真正尊重之间的区别。如今,男人仍然希望能像过去一样通过金钱让女性服从,而女人也与以往一样,会愚蠢地接受。此时,"过去的那一套"仍行得通。现代女孩很容易接受的一个古老伎俩就是骑士精神,似乎它能体现出对女性的高度尊重。但真的是这样吗?骑士精神不就是强者面对弱者和无助者的自负态度吗?如果把同样的行为模式用在另一位强者身上,那就很难被称作骑士精神。骑士精神可能会被一些女性解释为"担惊受怕的男性的怯懦表现"。但这仍然是男性惯用的伎俩,他们给女性以尊重,借此掩饰对其真正的贬低。骑士精神在中世纪达到顶峰,在骑士和游吟诗人的时代,女人是骑士的偶像,能为女人服务是骑士最高的荣耀。骑士为女人而战,以女人的名义赢得胜利,写下诗歌赞美女人的美丽、纯洁和可爱。我们在学校里接受的教育也是如此，课堂上的女孩们会为这种对女性的崇高敬意深深着迷。她们可能不知道，当一个骑士想要向他的一位客人表达特别的敬意时，诚挚的方式就是把自己的妻子献出来，陪客人一整夜，因为妻子是他可以赠予客人的最珍贵的礼物。也没有人意识到其中的屈辱，没有人会询问这位女士的意愿。

骑士精神总是将女性置于低人一等的地位。如果一个女性希望陪同她的男性为她开门，她很可能觉得这是她善解人意的体现，她甚至可能会将这种依赖合理化：她这么做是为了让男性觉得自己有用。而实际上，她将自己定位成需要帮助和保护的弱者角色。当男人坚持为女性提供服务时，他所表现出来的关心其实并没有女孩愿意相信的那么多。帮助女性、善待女性、送礼物给女性，这是男性在证明自己的优势。父权制社会中形成的这个传统让男人和女人一直继续着这种古老的伎俩。

现在出现了一些新技巧，但本质上仍然是老调重弹。目前，我们的文化中有许多将女性置于崇高地位的方式，它们貌似在表达对女性的敬意，实则隐藏着对女性的蔑视。女性被允许花费时间和金钱来保持美貌，有增进智慧和优雅的机会，可以自由地参观博物馆和展览、参加讲座、听音乐会，而男人"必须"赚钱为她们买单。赚钱似乎是男人的责任，但实际上这是他们的特权。他们不是在供养女性，而是通过金钱来支配她们。许多女人认为，男人对她们的尊重与在她们身上花的钱是成正比的。但她们没有意识到，在她们要求男人为自己花钱时，实际上男人也买到了自己想要的东西：女性的陪伴、美貌、微笑和装扮。男人通常会娶一个漂亮、花钱多的女孩，这是为了像展示珍贵的珠宝一样炫耀他们的女人；这些女人本身毫无用处，只是被用来提高主人的声望而已。

## 女性解放的文化意义

女性自信的增强，必然会对我们的生活方式产生深远的影响，事实也确实如此。它增加了男女共同生活时所遇到的困难。在目前这种经济、社会和政治尚不稳定的大环境中，男性和女性都有一种不安全感，而且更加惶恐于自己的社会地位会受到威胁。女性越多地参与竞争，就越加剧了男人的疑虑；男人试图限制女性，又使女性产生怨怼。男女双方都视对方为敌人，而不是伴侣。他们生活在一起，但彼此并不了解。他们都离不开对方，但又不能和谐相处。婚姻甚至不再是解决性方面的问题的途径之一，正如离婚也不再能解决婚姻问题一样。

男女冲突只是当代人类群体矛盾的一部分。除此之外，还有阶级斗争、不同世代之间的差距、不同种族和信仰之间的斗争、不同国家之间的战争等。所有这些对立都建立在相互恐惧和不信任的基础上，都源自强权一方想要维持其统治和支配地位，而大量的弱势群体则会产生不满，并进行反抗。在人类所有成员实现真正的平等之前，这样的斗争不会结束。

在人类历史上，这是我们第一次如此接近男女平等。虽然真正的平等还没有建立，但朝着它迈进的步伐正在加快。在各个年代，爱和性都令男性感到困惑，因为不平等的人际关系从来不允许两性之间建立牢固稳定的平衡关系。在某些文化中，女性占主导地位；而在另一些文化中，则是男性占主导地位。当一个性别的主导地位被成功挑战，支配就会转变成服从。平等从未真正存在过。目前男女平等上的这种初步进展，反映了我们当前社会变迁的总趋势。虽然即将到来的平等加剧了男女之间的斗争和冲突，但最终的结果似乎是确定的：男人正在失去至高无上的地位，而女人也不可能再次成为主宰。两性之间一旦达成新的、稳定的平衡，双方就有可能获得历史上从未有过的新和谐。然后，两性关系就可能不再是一个永恒的难题。以前的人们不是试图解决这个难题，而是将其写进自己的诗歌和戏剧中。只要男人和女人以霸主和仆人的身份生活在一起，两性关系就一定会对社会文化构成威胁。作为统一平等的工具，两性关系会以前所未有的新形式出现。在那一天到来之前的过渡阶段，两性之间的战争仍具有十分重要的意义。

The Concept of Sex

第三章
**性的概念**

## 两性特征的社会基础

正如我们所看到的那样,任何性别所担当的角色都是由周围社会群体的社会结构决定的。然而,当今的社会习俗对男女的行为模式没有明确的规范,必须由个体自己来建立其作为男人或女人的行为模式。表达"男性气质"或者"女性气质"的方式有很多种,每个人都可以自己决定想成为什么样的男人或女人。

只要我们仍然认为男性气质等同于"男权至上"——毫无疑问,大多数男人和女人都这样认为——那么我们对自己性别角色的认知,就会与这种过时的观念保持一致。即便是对两性平等最为热衷的拥护者也可能会认为,"真正的男人"应该是坚强的、自给自足的、勇敢可靠的,任何不具备这些特征的男人都可能被认为是"女性化"的。"女人气"这个词——或者通俗地说"娘娘腔"——表明了人们对"女性化"特征的贬低。实际上,对于任何一个人来说(无论男女）都没有义务必须具备这些品质——负责任、热爱工作、热衷奉献、乐于助人。"男性比女性强"这一观念导致了许多奇怪想法的产生,从而让人们对自己应尽的义务和应遵守的规矩感到迷茫。

在很小的时候,儿童就根据自己的性别,形成了明确的(但未必是正确的)社会角色概念。早在他们意识到性别在情绪和生理方面的意义之前,就已受到了社会观念的影响和刺激。通常,男孩拥有更多的活动自由。而表现得像男孩的女孩会被称为"假小子",这个词明确表明她身上带有男性特质。(顺便提一句,"假小子"远没有"娘娘腔"那样具有轻蔑的意味。)帮着做家务、做饭、打扫卫生、缝缝补补仍然主要是对女孩子们的要求,尤其是在保留了欧洲传统习俗的地区。如今,男人有时也会洗碗,但仍然是屈尊而为之。不过这个现象表明,男女之间有了更多合作的趋势,可对于欧洲的男性来说,他们很难做到这一点。

许多女人认为女性在社会中处于从属地位。她们要么屈服于命运,以女性化的方式来寻求补偿;要么进行反抗,避免表露能够体现女性气质的地方。前者试图通过提升自身魅力、展现无助感和逃避责任——简而言之,就是通过典型的"淑女"举止,努力在男性世界中获得受人尊敬的地位。

后者，即具有强烈"男性抗议"[1]的女孩，则拒绝让自己向成熟女性方向发展。她们讨厌女性化的外表，厌恶月经。当然，许多女孩并没有走到这种极端的地步。她们可能会屈服于社会的压力，也会忍受自己的女性化外表。但从表面上看，无论她们多么女性化，她们的"男性抗议"都越发明显。她们想努力证明，自己虽然身为女性但仍可以像男人一样优秀，甚至比男人做得更好。她们常常不愿承认自己对男性心怀敌意，而且也不知道是什么导致了她们的性和婚姻出现问题。

## 异装癖案例

女孩对自身女性形象的抗拒，可能会达到让人意想不到的极端程度。有一天，一位年轻人来向我寻求帮助。当我问"他"有什么问题时，"他"说自己其实是一个女人。她二十多岁。她的男性特征不仅体现在着装上，连说话方式和行为举止也都很像男性，就连声音也像是一个声带有缺陷的男人，而不像女人。她来找我，是因为她正处于一种非同寻

---

[1] 男性抗议（masculine protest），亦译为"男性反抗"，是阿德勒人格理论术语，指个体为克服自卑感而追求更多男性品质的行为。——译者注

常的困境中，需要帮助。她要想在奥地利找工作就必须出示身份证件，而她身份证上是一个女性的名字，这会让人感到尴尬和困惑。她正在申请把自己的名字改为男性化的名字。我很不理解的是她怎么可以这样大摇大摆地穿男装？因为在当时，女性这么做是被禁止的。她向我出示了警方给出的书面许可，并说明了她获得这个许可的来龙去脉。她穿女装时，会招来路人异样的目光，因为人们认为她是一个装扮成女人的男人。她走路像个男人，整个人的气质也很男性化，警察不得不给她出具这个不同寻常的许可证书。

我给她做了全面的体检，发现她的第一性征和第二性征都很正常：乳房充分发育，毛发的分布具有明显的女性化特征，臀部也是如此，月经也很规律。化验数据表明，她的腺体功能正常，没有任何身体上或生理上异常的迹象。这就说明她表现出这种异常的样子是由其他因素造成的。

她出生于奥地利的一个农村，是一个农场主的第一个孩子。在那个地方，女孩子不受重视。农场主至少需要一个男孩来继承农场。因此，她父母一直希望能再生个男孩。对她来说，不幸的是，两年后她真的有了一个弟弟。不难想象她的反应，她意识到自己的地位岌岌可危，不想成为次要的角色。于是，她充分利用弟弟出生的头几年，在体力和脑力上都保持着对弟弟的优势。然而，弟弟不可能永远屈服于她的优势。弟弟毕竟是个男孩，而她只是个女孩。为了赢得这场斗争，她必须克服这一障碍。因此，她努力表现得像个男孩，只和男孩一起玩儿，甚至比任何男孩都更具野性。她就是一个典型的"假小子"，但即便如此她觉得还是不够。于是，她给弟弟穿上女孩的衣服，而她自己则穿上弟弟的衣服。

她的父母很喜欢她的这种装扮，还鼓励她这么做。人们也都觉得这样的装束很"可爱"。有人说她长得像个男孩，还有人说她会比弟弟强。而她弟弟则十分温和、顺从、胆怯，对强大的姐姐有很强的依赖性。这些鼓励和称赞所带来的成就感，自然强化了她这样的行为。随着年龄的增长，她越来越适应这个梦寐以求的男性角色。从她的步态举止来看，她就是一个典型的男孩。她甚至变得喜欢女孩，只不过是以保护她们的方式。当她的身体开始发育时，她抗拒任何女性的身体特征。她讨厌自己的乳房，因此就穿紧身衣，把乳房紧紧裹住，这样就不会那么显眼。即使来了月经，她也照样参加各种体育活动。她从不让自己养成任何女性气质、特征或技能，还把发型剪成男孩的样子。

警方许可她穿男装，是她取得的最大胜利。但是，这种违背正常逻辑的行为使她陷入新的冲突——现在，她需要一个男性化的名字。根据奥地利法律，这并非易事。但是，由于上一次当局已经迫不得已做出了让步，这次也就允许她改用一个中性的名字。但要想改名字，警方需要得到精神科医生的许可。这个女孩对这件事非常执着。我试图说服她，即便她获得了警方的允许，她也是在打一场徒劳无功的战役，因为尽管她能欺骗自己，欺骗别人，但她终究还是一个女人，除非她能接受自己的性别，否则她一定会遇到更大的困难。但是，和许多性异常的人一样，她不想得到任何建议或帮助，并且坚决拒绝和我讨论她的心理问题。

令我惊讶的是，大约一年后她又来找我了。我起初以为她可能是来接受精神治疗的。然而，她来只是让我再一次帮助她，她要与这个看轻她的社会做斗争。她爱上了一个女孩，想跟那个女孩结婚，希望我能帮她。当然，这件事超出了所有人的能力范围，后来我再也没有见过她。

## 模仿"优势"性别

两性之间既定的平衡一旦被打破，一直被压制的一方就有了崛起的机会，这一性别会模仿之前优势性别的行为举止。在某些原始部落中就有过这样的案例。这些部落的母权制结构开始衰落时，人们观察到一种特殊——通常被误解和曲解——的行为模式，即拟娩（某些文化中在妻子分娩时，丈夫模仿分娩的习俗）：孩子出生后，先是由父亲陪着在床上躺好几天，而母亲则要承担所有的家务，还要照顾父亲和孩子。男性似乎在试图模仿女性的角色。这可能是因为当女性占据主导地位时，对男性来说所有女性化行为都是他们所向往的。有人猜测，如果生理条件允许的话，那个时期的男人也许还会尝试生孩子。

运用同样的思维就能够解释当今女性的行为。在某些阶层中，女性吸烟比男性更普遍，男性不得不用回烟斗，以维持他们的独特地位。在美国西部拓荒的时代，女性也有吸烟斗的古老习惯，而且被赋予以前从未有过的责任和权利，这反映出当时社会的变革和早期女性的解放。两性之间已实现了更多事实上的平等，这是前所未有的。女性吸烟的冲动——即使她们可能根本不喜欢吸烟——源于自身对男性气质的渴望，这就像小孩子渴望长大而模仿成人一样。另一个典型的迹象也可以反映目前的这种转变，那就是女性倾向于男性化的着装和发型。所有这些模仿行为并不代表两性已实现真正的平等，而只能说明女性试图强调她们地位的变化。

## 两性的功能

每个人都会形成对自己性别角色的认知，接受或拒绝这一认知，会改变一个人的生活态度，并影响日常生活的方方面面。例如,女性对做家务的态度,就能很好地检验她对女性角色的看法。我们会听到有人喜欢做家务,也有人厌恶做家务,无论是喜欢还是厌恶,他们给出的理由似乎都有道理,但我们不会被这些理由蒙蔽。比起其他工作,更喜欢做家务的女性正在逐渐减少。许多女性厌恶这种"职业",因为她们认为做家务是低级的、丢人的,她们将做家务与对女性角色的贬义认知联系起来。这种联系促使许多男性也不愿参与家务劳动。几个世纪以来,家务劳动一直是女性的责任,如今的男性和女性需要花相当长的时间才能客观地认识到,做家务对维持两性关系的和谐来说至关重要。

在女性完全受压制的时期,她们在一定程度上被排除在艺术创作之外。在社会观念中,女演员、女舞者被视为低人一等。而现在,许多在社会中寻找自己位置的女性都对音乐、戏剧、舞蹈等表现出极大的兴趣,以至于艺术几乎成了女性的特权。然而,参与艺术活动,难道不应该是每个人(不论男女)的特权和责任吗?

许多男性已经放弃了对艺术的兴趣,把学习艺术的机会让给了女性。对学钢琴感兴趣的男孩通常被称为"娘娘腔"。妻子常常发现她们很难说服丈夫和自己一起看书、参加讲座、听音乐会,或者参观博物馆和展览。事实上,有些女人并不是真心想说服自己的丈夫跟她们一起参与这些活动，因为她们为自己能拥有这样独立的兴趣而感到自豪。而男人为了维持他们高高在上的形象，也非常乐意为女人花这点钱。

人们对男性角色的普遍认知是，男人的主要职责就是赚钱。这种观念是危险的，它将挣钱的权利完全交给了男性。同时，它还将阻碍男人了解常识和欣赏文化，而这些原本有可能改变或削弱其经济地位。男人越是不重视自己在文化上的进步，就越有可能滥用他的权利。如果女性继续被获得男性供养所带来的好处迷惑，她们对男性的依赖就会更强。

两性的社会分工并非基于生理学因素。从根本上说，两性的社会分工没有高低之分，都是应尽的义务。这种社会分工的依据是社会习俗。哪些任务令人愉快，哪些任务令人反感，这是由每个性别是属于主导地位还是从属地位决定的。对维系婚姻生活来说，做家务和赚钱同样重要。如果一个人真的认为男女平等，那么他就应该去做当下最有必要、最具建设性的事情，而不是去管自己的性别适合做哪些事情。尽管每个人都能说得头头是道，但没有几个男人或女人准备去实践真正的平等。关于男女角色调整的问题，不能只通过对他们进行分工、让他们在各自的领域各司其职这种方式来解决。这种方式可能会暂时缓解两性之间的竞争，但也会推迟两性建立平等的合作。

## 性与社会秩序

男性和女性有能力将对方视为和自己一样的人，而不是单纯的性欲对象，但这种能力却常常被不健康的性欲干扰。正因为如此，我们容易将性欲看作未被驯服的人类本性，而我们自己则是这个本性的可怜受害者。由此看来，性本身似乎很危险，是一种威胁我们的文化和社会关系的野蛮力量。"性"实际上从来不会违背受害者的意图，要认识到这一点并不容易。事实上，受害者的意图有时是反社会的，而且主要是针对异性。但性本身并不具有威胁性，它只是一个工具。

但是，我们为什么总是对性如此恐惧，如此容易被性激怒，因性而感到不安？对于小孩子来说，性并不会让他们感到尴尬，这仅仅是因为他们对性还没有意识吗？自由的性表达一定意味着不雅吗？按照社会学的方法，对某些人类的社会习俗和习惯进行分析，对儿童的性发展和性观念进行仔细观察，我们就能知道性羞耻感和性罪恶感是怎么产生的。

弗洛伊德认为，要维持社会生活，人类社会就必须严格限制性行为；只有通过对某些性倾向和自由的性表达进行人为的抑制，人的行为才能符合社会要求。[1]还有一些人认为，当前的性放纵是万恶之源；如果人们在性方面变得更"道德"，当前的社会乱象就会消失。然而我们知道，在某些社会群体中，性虽然受到了严格的限制，但其依旧处于极度混乱不安的状态；而在其他一些可以让人们坦率地、不加掩饰地进行性表达，甚至容忍滥交的社会群体中，却几乎没有摩擦，社会生活井然有序。给社会带来威胁的不是性。严格地限制性，其目的不是拯救社会，而是压制处于弱势性别的人，剥夺占社会总数一半的人的天生的性权利。事实证明，占主导地位的性别总是设法突破给他们造成不便的限制，羞怯和贞洁则主要强加在处于弱势性别的人身上。

但这种强制的结果是，两性都受到了限制。作为母亲的女性会把自己害羞、胆怯的观念灌输给儿子；而男性也必须服从某些限制，要想被女性接受，他们必须尊重妻子、母亲和姐妹们的感受。这种强制性的社会约束固然可以维持一个社会群体特有的传统，但也导致了这样的心理后果，即每个人都会对性产生羞耻感和罪恶感。

---

[1] 西格蒙德·弗洛伊德，《文明与缺憾》（*Das Unbehagen in der Kultur*），国际精神分析出版社，维也纳，1930年。

## 性与宗教

人们往往会把对性的压制和贬低归咎于宗教教义。然而，宗教教义反映的只是其设立时的社会状况。不同宗教对性行为的态度截然不同，有的宗教提倡性行为，有的则禁止性行为。我们发现一些古希腊部落的宗教存在出卖肉体的现象，而另一些宗教则要求独身和贞洁。基督教创立于人类首次产生人权平等观念的时代，但囿于当时的政治、经济和社会条件，人人平等的理想并没有实现。当时的社会不具备追求平等的条件，女性仍然被剥削。但是，基于男女平等的理想，人们首先提出了男人也要保持贞洁，这个要求以往都是男人强加给女人的。不过，基督教从未能够完全阻止占主导地位的男性利用男权社会赋予他们的特权。

因此，目前人们对道德约束的放松，并不是反抗宗教，而是反抗男权至上。在恋爱、婚姻、求爱、离婚等方面更加自由的观念，既不是反社会的，也不是反宗教的，而是追求女性解放的具体表现。

## 儿童对异性的印象

一个人对自身性别的态度，与他对异性的态度相关联，这两方面的态度决定了他的性行为。个体对异性的概念早在幼儿期就已形成，对异性的第一情绪反应不仅重要，而且持久。一般来说，父母为孩子树立了两性共同生活的第一个榜样。由于儿童的理解能力有限，他无法意识到自身的家庭情况仅是个例，并不具有普遍性。对他来说，他的家代表着整个世界。因此，在他眼中，父母之间的关系是男女之间唯一可能的模式，这会让他构建起自己的婚姻生活观。父母的行为潜移默化地影响着孩子对婚姻的看法。异性父母作为两个性别的代表，对孩子未来的性生活有着决定性的影响。而对孩子异性的兄弟姐妹来说，也可能具有相同的重要意义。

如果男孩和他的母亲，或女孩和她的父亲过于亲密，那么这可能会成为孩子长大以后寻找伴侣时的障碍。受到母亲宠爱，甚至溺爱和纵容的男孩，很难想象以后能找到一个像他母亲一样对他倾注全部心血的女人，而这种疑虑往往会阻碍他的恋爱和婚姻。他无法做到与女性在相互付出与索取的基础上相识相知，而这恰恰是幸福婚姻所必需的。父女之间的关系也是如此。一个非常依恋父亲的女孩，可能会期望她的丈夫也像父亲那样理解她、容忍她，给她指引和保护。但她没有意识到：与她同龄的男性不可能拥有她父亲那样的优势，尤其是现在的女孩在很大程度上拥有了与男孩同等的教育机会和就业机会。

在我们这个时代，这个问题尤为普遍。一方面，女性对自身处于弱势性别提出抗议；另一方面，她又希望能有一个让自己敬仰的丈夫，她坚持认为，男人必须比她更强大、更可靠。但是，她能遇到多少像她儿时的父亲那样强大的男人？答案一定会令她失望，因为她很难找到这样的男人。即使她最终找到了，她也不会接受他。因为她憎恨男人的优越感，所以她可能会离开他，或者故意找他的碴儿，以便让自己有理由俯视他。

## 儿童对性的恐惧

我们的孩子正在一个混乱的世界中长大，这个世界的价值观、传统和习俗都面临着土崩瓦解。他们有着敏锐的洞察力，能够感受到成人的恐惧和压抑。由于了解男女之间的冲突，以及性别所带来的烦恼，他们对性观念产生了误解。男性是优势性别的这种观念，让他们认为别人将自己永远做不到的事情强加给了他们，这让他们感到恐惧，同时也激起了女孩对自身处于弱势的社会地位的反抗。男孩和女孩都对男权表示憎恨，使"性"成为一种威胁，即给社会造成耻辱、压制、堕落。儿童初次认识性这种生理机制的方式强化了他们对性的危险感的认知。在儿童体验自身的性功能之前，他们就听说过做爱、性关系及其后果。他们听到的内容大多是令人不快的。成人在孩子面前直言不讳，他们以为孩子听不懂。然而，即使孩子不懂这些词句的意思，他们也能感觉到这些话语背后的含义。因此，孩子们知道了怀孕的可怕，知道了与性经历相关的耻辱。他们听到的关于性的信息大都与痛苦、耻辱、受欺压甚至灾难有关。尤其是女孩，她们很早就意识到这些痛苦和危险主要是针对女性的。这也难怪女性比男性更倾向于将性看作是残忍的、不人道的、卑劣的。

## 性启蒙

孩子对性的负面印象也随着成人告诉他们的"生活真相"而日益强化。性启蒙经常会伴随着一定的心理冲击。原本最为自然的生理发育，通常会因父母不愿履行其职责而受到阻碍。不幸的是，那些在成长过程中缺乏性启蒙的父母，在遇到孩子提出关于性的问题时，通常会感到尴尬。他们要么根本不回答，要么转移话题，而有的父母还会责备孩子。因此，孩子会认为要么是他感兴趣的这件事有问题，要么是他自己有问题。许多听话温顺的孩子，尤其是女孩，从不会公开表现出对这个话题感兴趣。她们的胆怯和对这个"危险"问题的躲避，都可能会导致自己接受不到任何性启蒙。当她们被迫面对性的真相时，严重的心理冲击就会产生。稍好一点儿的情况是，起初兴趣受挫的孩子，在性教育上会经历一个明显的延迟期，在延迟的这段时间里，他们对性完全没有兴趣，直到自己迫切需要相关的知识时才去学习。只有那些幸运的孩子才会遇到老师或其他成人以适当的、放松的、健康的方式，向他们提供有关性的必要知识。但普遍的情况是，他们获取信息的来源要么是变态的成人提供的龌龊信息，要么是色情文学，要么是学校里一知半解的朋友和玩伴提供的耸人听闻的、似是而非的言论。

如果父母愿意学习并接受充分的培训，那么这个问题自然就迎刃而解了。当孩子问到关于性的问题时，成人需要有两点心理准备：（1）摆脱对性的尴尬和反感。即使孩子年龄再小，他们也有了解这些事情的权利。如果孩子问闪电是从哪里来的，父母一点儿也不会生气；如果孩子问他是从哪里来的，父母同样应该为孩子解答。（2）客观正确地回答孩子提出的每一个问题，但答案永远不要超出问题的范围。孩子提问时的措辞，准确地表现了孩子的兴趣所在以及他的理解能力。因此，父母应该仔细聆听孩子问题的字面意思，而之所以会有父母感到尴尬，是因为他们忽略了这一点。他们不认真听孩子的问题，而是想象孩子接下来会问什么。事实是孩子不会继续问，或者至少要等几个月或几年之后才会提下一个问题。当孩子第一次问他是从哪儿来的，按其字面意思正确的答案是："从妈妈那儿来的。"这个事实一点儿都不令人尴尬，只有成人才会立即联想到令人尴尬的内容。然而，这个简单的答案就能让孩子满意。再过很久以后，他可能会问："小孩儿是怎么进入妈妈的身体的？"答案同样很简单："从爸爸那里。"同样，这也没有任何过于露骨的暗示，毕竟孩子对生理机制还不感兴趣。即使几年后，孩子提出这样的问题："小孩儿是怎么从爸爸那里进入妈妈的身体的？"这时父母可以说是因为爱情和婚姻，这样就能满足孩子的好奇心。

如果善于理解孩子、能很好地调节自己情绪的父母能够做到以上这些，那他们便可以引导孩子走向成熟。如果孩子还想了解更多的知识，他们可以借助内容翔实的图书；如果图书都无法满足孩子的好奇心，可以请老师或医生提供更多的信息。

当孩子提问时，还有一个要注意的地方，那就是父母要弄清楚孩子问这些问题是因为他真的感兴趣，还是为了引起父母的关注。如果某个问题总是反复快速地被提出，熟悉育儿技能的人就能轻易地识别出这个问题是否出自真心。

## 儿童早期性探索

还有一个因素会阻碍孩子——尤其是男孩——对性发展出自然的态度。当孩子对自己的身体感到陌生时，他们会进行仔细的探究。而焦虑过度的父母发现孩子有自我探究的行为时，就会变得杞人忧天，还会笨拙地试图阻止孩子触摸生殖器官。比起吓唬孩子，忽视孩子对身体的初步探究危害会更小。我们都知道，早期的自慰行为很少是由孩子的自然探究所致，反而是由对这些无害的、无关紧要的行为进行粗暴干预所致。所谓孩子的坏习惯，大都是父母和保姆有意无意地培养出来的。他们不知道孩子一般都喜欢重复那些被强行禁止的行为。因此，成人对孩子探究行为的干预，非但没有阻止自慰行为，反而会加剧这种做法，还会引发孩子的心理冲突。对青春期的孩子来说，这种心理冲突对孩子的伤害会更大。给孩子灌输"性器官是不洁的，是禁忌"这种观点，从而将性与罪恶联系起来，这样做实际上会毒害孩子的心灵。

孩子的初次性体验也会影响他对性的态度，这样的体验很早就有了，随着年龄的增长，他可能会忘记，但所有的孩子都体验过性兴奋，只不过有些比较清晰，有些比较模糊。亲吻过孩子的嘴的成人肯定知道孩子会做何反应。生理上的性快感并不受年龄的限制。某些游戏、体操训练或重复性的动作，都会引起类似的兴奋。恐惧也有可能会引起性刺激。尽管孩子们从中获得了极大的满足，但他们无法解释这些感受。如果父母充分信任孩子，他们就可以帮助孩子减少这些神秘体验可能带来的伤害。然而，由于父母之前对孩子的谴责和干预，孩子再也不想和父母谈论这方面的事情了。实际上，父母只需在轻松随意的氛围下，从容不迫、开诚布公地与孩子进行交谈，就能帮助孩子消除困惑。父母轻松随意的态度，可以防止某种特别的兴奋在日后给孩子带来冲突和失望。

一位无法享受性生活而感到痛苦的女性，向我们证明了童年经历对她成年后的性生活具有极大的影响。她在婚姻中从未真正获得过那种特殊的满足感，但她内心对此十分渴望。在我们讨论的过程中，她意识到是什么影响了她。当她还是小女孩的时候，有一次荡秋千，她的生殖器获得了一种特别愉悦的感觉，之后她一荡秋千就会有这样的感觉。长大后，虽然她在性生活中也能感受到性兴奋，但再也没有找到那种特别的愉悦感。结果，她与一个又一个男人发生性关系。当然，这并不是她找不到合适伴侣的真正原因。实际上，这个女孩的爱情观是错误的。她不寻求真爱，而只是在寻求一种特别的生殖器快感。她的初次性体验让她对性快感形成了完全错误的观念。现在，她只想要这种特殊的快感，而非男人的陪伴。显然，她期望从恋爱和婚姻中得到的东西，与爱情无关。

## 爱的训练

性兴奋、迷恋、爱抚和激情的早期体验，对我们个人的情感和性爱模式起着至关重要的作用。人类的爱是错综复杂的，性交只是其中的一部分，可就连这一部分也各不相同。我们通过学习走路和说话，形成了自己的步态和口音，爱也一样，也需要我们去学习。对性爱的认识和学习不仅取决于我们早期的性兴奋，还建立在不断更新的性体验上。我们现在爱的行为，是由我们以前的所有体验培育并发展而来。

很遗憾，男女之间的关系受到如此多令人不安的童年经历的阻碍。正在成长中的一代几乎没有机会形成关于爱的完整概念，也很少能在自己所处的环境中找到真爱。即使是深爱孩子的母亲，通常也具有自私、苛求、占有欲强等特质，因此我们不能确保母爱就是真正的爱。对性和爱的第一印象具有决定性的意义，可惜我们当中有太多人在成长的过程中产生错误的期望。所谓的"真人真事"和情色电影，都不能补偿不幸的婚姻。相反，它们歪曲了事实，导致人们对现实生活中永远无法得到的性吸引、美女和性爱想入非非。这些对性爱的幻想导致了多少失望和怨恨！我们似乎陷入了一个可怕的恶性循环。我们从小就被灌输了各种各样错误的观念，等我们有了自己的孩子后，也无法为孩子提供正确的观念。

很少有父母知道自己对性的态度会对孩子的观念造成多大的影响。孩子要么接受父母的观点，要么与父母的观点背道而驰。出乎意料的是，孩子很早就形成了自己对爱的看法：有的将爱视为痛苦之源；有的认为爱只是为肤浅的快乐和满足提供了机会；还有的会认识到，爱情和婚姻是人类相互陪伴的基础，他会发现，两性之间的合作能给彼此带来很多帮助和激励，还会明白爱不仅意味着接受，更主要的是给予。

## 青春期

成长中的孩子对性和自身性生理机能的态度，决定了他未来会如何看待爱情和婚姻。这个态度会影响他对伴侣的选择，还会形成特有的婚姻冲突，这些冲突或是危害或是增进他的婚姻幸福。其个人态度中的任何谬误和扭曲，在青春期都会变得更加明显。当今，青春期所带来的问题可能比以往任何年代都更为棘手。父母总是过度保护孩子，想让孩子依赖他们，部分原因是父母自己越来越觉得力不从心，这导致他们不相信孩子有能力照顾好自己；部分原因是他们迫切需要建立威信，不想放弃对孩子的支配地位，不肯让年长的自己平等地与孩子做朋友。因此，在孩子有任何想要独立自主的想法时，他们都会表示反对。

如此一来，父母与青春期子女之间就会产生摩擦，而这对孩子来说尤为不幸，因为原本这段时期孩子的身体发育就已经给他们带来了心理上的紧张和忧虑。进入青春期后，性器官的成熟会让孩子们产生新的体验，他们仿佛被带入一个全新的世界。当青少年意识到性特征的时候，即便是之前再亲密的人，他们也会令他尴尬。男孩和女孩长得明显不一样了。随着他们的成长，一切都在改变。他们的动作变得笨拙，他们对四肢和身体的变化感到不安，难怪他们会变得躁动、易怒。在飘忽不定、迷茫困惑的体验中，他们对自己性别的最终观念以及对异性的感觉和态度，得以成形并稳定下来。

我们有责任帮助这些处于困境中的年轻人。在生命中这段最困难的时期，他们有权获得我们的帮助。在这个人际关系正发生复杂变化的阶段，友谊是破解所有这些困惑的重要指南。男女同校有助于避免或至少缓解青春期危机。

通过彼此间的互动，孩子们可以加深了解，从而更容易将异性视为自己的伙伴，性别差异也会变得不那么重要，这样就能促进他们在未来互相包容。

## 性的三个功能

我们必须认识到，人类的性可以用于各种目的。首先，性是生育的基础。性欲这个诱因使得每一个生命物种得以延续。宗教和国家法律都将此视为唯一被允许的性行为的目的，禁止或反对任何婚外性行为。

其次，性是个体实现自我满足的工具，它能够提供快感。人类学会克制自然冲动的同时，让性有了生育功能之外的用途。如今对大多数人而言，传宗接代和体验性快感这两个功能的关联性降低，导致怀孕的性行为所占的比例变得相当低。而快感包含了许多感觉，其中有些感觉完全不同，甚至是相互矛盾的。快感可能意味着肤浅的、容易获得的性满足，也可能意味着灵肉交融的深层情感。人们所寻求的满足感不尽相同，这决定了性在他们的生活中扮演什么样的角色。有些人认为，人活着就是为了享乐，对他们来说，性是取之不尽的——也许是唯一的——快乐来源。这种享乐主义精神，被韦克斯伯格称为"快感饥饿"，使得他们只想抓住每一次享乐的机会，很少或根本不考虑代价与后果。享乐主义者通常是沮丧的、愤世嫉俗的人，他们对整个人生的看法是短视的。他们不相信未来，不相信会拥有幸福，因此也不关心以后会发生什么。对他们来说，享乐是对他们沮丧感的必要补偿。享乐主义者和那些利用性来获得权利、声望、社会地位或个人优越感的人，属于同一类人。

然而，性还有第三个功能，即融合。相比其他任何事物，性是一个更能将两个人紧密结合在一起的工具。通过性，两个人可以在身体上和精神上融为一体。当然，性的这种融合功能也提供快感，但这种快感与之前所描述的融合完全不同。性的融合所带来的满足更深层、更持久。它意味着给予和奉献，而享乐主义则主要是利用对方。享乐主义者要想维持兴奋感，就得不断寻求变化，其行为取决于一时的冲动；而渴望融合的两人所寻求的是稳定的关系和长远的幸福。

每个人对爱的主观感觉都可能会涉及性的三个功能中的任何一个。只不过，第一个和第三个功能涉及对人生的长期规划，第二个功能则倾向于追求纯粹的满足，很可能会忽视人类和社会的价值观。

在如今这个时代，性貌似在很大程度上已经失去了其传宗接代这个主要的功能，但人们还没有实现它的第三个功能，即融合。于是，"性是获取快感的工具"这种观念十分盛行，这就让人们失去了更深层次的满足、持久的爱以及对伴侣的忠诚和奉献。

# Choosing a Mate

## 第四章
## 选择伴侣

我们选择伴侣的方式，是对我们爱情观和婚姻观的检验。在做出选择的那一刻，我们的想法、期望和担忧全部付诸现实。选择错误的伴侣，既可以被视为开启不幸婚姻的第一步，也可能是在与异性的关系中误入歧途的最后一步。然而，许多人根本不做选择。选择还是不选择，永远是一个困扰他们的难题。

怎么做选择不但非常重要，而且在心理上和科学上也具有重要的意义。它就像一道闪电，让形势瞬间变得明朗，而且显现出其背后的力量。用闪电做比喻，更能说明选择的重要性。

## 无意识的人际交流

在决定是否喜欢某个人之前，双方已经有了很多的互动。就在一瞬间，两个初次见面的人就已经相互交流了印象和观点，并达成共识，尽管双方都没有意识到自己已经参与了这种无意识的交流。他们会用眼神流露出钦佩、怀疑或者不屑的神情。除此之外，细微的手部动作、面部表情，无关紧要的话语、说话的语气、步态以及整个外表，都揭示了一个人的个性，以及他对别人的反应。两个人之间发生的任何事情都是相互的，由双方共同推动。尽管看上去好像是某一方占据主动，因此应该由他负责，但这样的结论是不正确的，这是因为我们观察得不够准确。这就像我们以前错误地认为，闪电是从一个方向过来的，但如今我们知道了，闪电是两极同时快速放电形成的。

我们对彼此的了解比我们意识到的要多。我们对他人有意识的印象，只是我们实际了解的信息中的一小部分。这些信息来自我们的直觉、预感，或者用一个更直接的词说就是第六感。用眼睛来做比喻可以很好地阐明这种情况：视网膜（能生成影像的那一部分眼组织）只有中间那一小部分可以清晰地分辨形状和颜色，而物体的位置和运动的模糊影像则成像在周边的视网膜上。因此，我们视力所及的画面，比我们眼睛聚焦处看到的画面更广阔、更丰富、更深远。其他感官也是如此。我们用耳朵识别他人的语气，却没有意识到这种对"弦外之音"的感知是无法直接通过耳朵听来的。这个类比可以很好地帮助我们理解，一个人接受或拒绝另一个人其实是由大量自己完全没有意识到的信息决定的。如果不了解择偶过程中的这些心理机制,我们就无法理解其中所涉及的根本问题。

## 择偶受制于潜意识里的个人预期

一个人潜意识里的目标和期望,就像指南针一样指引着他。他会不由自主地只对那些符合他期望的刺激做出反应,并且只能意识到那些可以让他实现期望的机会。一个想要结婚的女孩会选择一个能满足她这种要求的男人。然而,她的要求可以不只局限于一个普通女孩从小被教导的、应该向未来丈夫提出的常规要求。尽管女孩结婚的目的因人而异——有的女孩为了寻求陪伴,有的女孩为了改变社会地位、改善经济状况,还有的女孩为了寻求乐趣和刺激——但她们都想找到一个愿意合作、理解、体贴、奉献和忠诚的人。不过,她们中很少有人会选择拥有这些品质的丈夫。

但是,一个人的选择从来都不是偶然的。深层的内在需求会影响一个人最终的决定。尽管这听起来令人难以置信,但每个人从伴侣那里得到的满足都符合他潜意识里的期待。当我们突然或逐渐地接受一个人作为自己的伴侣时,真正满足我们心中条件的,并不合乎常规的要求,即不是大家认为应有的要求。如果我们遇到一个人,而这个人可以让我们看到自己的行为模式，那我们就会被这个人吸引，他会对我们的世界观和人生观做出回应，让我们延续或重新唤起从小就怀有的期望。我们甚至会刺激这个人做出符合我们预期和需要的行为。如果这个人遇到的不是我们，而是其他人，那他可能会有截然不同的表现。

## 过去会影响现在

还有一个因素经常影响我们对伴侣的选择，那就是这个人与以前我们所爱慕的对象有相似之处。这种相似性可能是体貌特征、行为举止，或者更重要的是他的某种特质，让我们觉得可以与他重建早已熟悉的两性关系。过去与异性接触的经历，会影响我们与新的异性初次见面时的态度。这些早期经历越深刻，对我们现在建立新关系的影响就越大。早期经历的深刻程度，不仅可以通过由它引起的情绪（不管是愉快的还是令人不安的）的强度和持续时间来衡量，还可以通过它对我们人生观的影响来衡量。这就可以解释，为什么即使幼儿期的偶然经历并没有引起强烈的情绪，也往往会影响我们对伴侣的选择。幼儿期的经历极大地影响着我们的人生计划，乃至在处理未来的人际关系时也会受此影响。一个儿时被娇生惯养、依赖他人帮助的男人，可能一生都会被愿意宠爱他、任他依赖的女人所吸引。他被娇惯的程度越深、受宠时的年龄越小、被溺爱的时间越长，他长大后选择的配偶就越像童年时娇惯他的那个女人（通常是他的母亲或姐姐）。这样的早期经历和印象往往会让人对异性形成某种明确的品位。

## 个人品位

我们现在择偶的品位，往往可以追溯到过去那些回应过我们欲望的异性身上。面对异性，我们的态度可能是咄咄逼人的，也可能是退缩的；可能是勇敢的，也可能是胆怯的，甚至还时不时地变化。可是不论面对什么样的情况，我们的选择都是基于自己的需求和生活状况、基于自己过去的经历做出的。

即便如此，我们的偏好也会反映出我们的想法和憧憬，这不仅基于个人经历，也受到整个环境的影响。个人品位不仅代表了个体的愿望，还代表了其所属群体构想的整体观念。那些被认为是理想的伴侣形象，是由整个群体构想出来的。这个理想形象会随着社会环境的变化而变化。流行风尚、女性的着装风格，甚至她们的身材，都受到当时的社会环境和女性社会地位的影响。战争、繁荣、萧条等都会直接反映在衣服的风格上。令人惊讶的是，就连女性社会地位的细微变化，都会准确、迅速地反映在着装中。女性发型的样式、裙子的长度、身材轮廓、突出或掩饰身体的哪些部位，都是对社会变化的典型反映。女性通过让自己的外表更男性化或女性化，不仅能够改变男性对异性的品位，而且反映出她对男性的评价。[1]比如，如果某位艺术家通过自己的作品成功影响了无数人的品位，那就意味着他能够感知普遍的社会趋势，并成为该趋势的引领者。但是，艺术家本人往往并没有意识到这一点。一般来说，电影明星和演员们在代表大众欲望、塑造理想人物形象方面具有显著的地位。我们很难将个人影响力与大众需求区分开来。这两者是相辅相成的。

目前出现了一个新的、令人费解的发展趋势，即人们会选择比自己年长的男性或女性做伴侣，对此我们需要做些研究和分析。首先，与过去相比，现在更多的男性小时候都是被娇生惯养的孩子；其次，男性社会地位的降低使他们更有可能拒绝作为一名男性支配者所要肩负的责任，转而

---

[1] 将女性气质和男性气质混搭是美国时装的特征，这表明在我们的社会中，同时存在女性解放和压制，这种奇怪的现状在其他任何地方都很少见。女性服装要么模仿男性的风格，要么通过过分暴露来体现极端的女性特质。

去寻找一位类似于母亲的妻子。

另一方面，过去的文化传统使得女孩依然渴望找到一个比她强大的男人，她的父亲过去充当着这样的角色，但在与她同龄的男性中，已经找不到这样的人了。于是，她会寻找更为年长、经验更丰富、更成熟的男人做伴侣，这样的人可以给她父亲般的关怀和呵护，但在竞争激烈的同龄人中是找不到的。就年长的一方而言，他们更愿意承担责任，以换取对女性的优越感。丰富的经验使他们更容易保持优势，而不会引起伴侣的反感。选择比自己大很多或年轻很多的伴侣，都有可能会收获幸福的婚姻，也可能意味着矛盾和痛苦，究竟是哪一种，取决于做出这个选择是基于勇敢还是胆怯。

## 美的意义

与一个人的择偶品位息息相关的，是美的意义。艺术家可能会用黄金分割比例来客观地定义什么是美，但一般人对美的判断是相当主观的。我们都喜欢美的东西，任何美的事物都可以给人带来视觉上的享受。个人品位决定了他认为什么是美，特别是与性别有关的美。女性的美丽和男性的力量（即所谓的力量之美）都是选择伴侣时的决定因素。但是，我们为什么会选择它们作为衡量美的特定标准呢？过去的理论认为，这两者都代表着健康，健康对于繁衍后代至关重要，为婚姻提供了坚实的基础。然而，这个理论并没有解释为什么我们将"美丽"作为女性的特定标准，而将"力量"作为衡量男性的特定标准。

我们以这些特质来作为美的标准，反映了我们的父权制思想。实际上，对美丽和力量的尊崇，并非以健康为基础。病态美同样能够引起人们的性欲，壮硕的肌肉背后往往隐藏着腐朽的身体和堕落的思想。事实是，美丽和力量是父权时代的社会价值观，女性必须是"美丽的"，因为她们要利用外表来吸引挑选她们的男人；然后男人会自豪地展示自己妻子的美丽，就像展示战利品一样，并激起其他男性的嫉妒。男性的征服力给他的伴侣留下了深刻的印象，这种力量能够确保他对女性的保护。一个俊美的男人显得很柔弱，是因为他的行为举止比较女性化。而肌肉发达的女人会让人觉得有"阳刚"之气。在这种思想观念的影响下，美丽和力量成为性吸引力——现在被称为"性感"——的基本要素。目前，随着两性关系的社会变化，这些旧有的价值观也将发生改变。女性的美丽可能不再具备社会价值，更多的只是基于个人的偏好，甚至可能变得完全无足轻重。

"性感"一词的含义就是这种变化的例证。尽管性感这个词本质上似乎是用于描述肉体，但现在越来越多地被用于表达。随着单纯的美貌的吸引力不断减弱，这一点变得更加明显。那么，性感与美丽的区别是什么？美丽能唤起男人的爱慕，性感能激起男人的兴奋。性感的女孩往往都能激起男人的兴奋，不管她是不是有意的。而且，她知道自己能够成功。缺乏外表的吸引力不会成为障碍，因为美貌只是一种碰巧拥有的优势。如果一个女人热衷于性爱所带来的征服感，并发现自己拥有令男人兴奋的能力，她就能变得性感。许多姿色平平的女人突然变得魅力四射，是因为她们获得了意想不到的关注和喜爱，这也会改变她们对自己的看法。男性不需要通过刻意的装扮或是散发隐藏的魅力来吸引女性，他们可以展现自己征服的意志和成功的信心，这些方式与女性的性感是一样的。

尽管人们如此看重性感，但被性感打动仍然是愚蠢的。性感的人通常不是合适的伴侣。一个性感的女孩结婚后，她要么继续保持让男人兴奋的欲望，可这会令她的丈夫感到嫉妒或不快；要么因满足于婚姻而变得不再性感，这样一来，当初因为性感而选择她的丈夫也会失去兴趣。无论哪种情况，都会打破婚姻的平衡。激起他人兴奋的欲望表明永远无法满足心中的渴望。这种欲望的目标是获得新的关注和爱，而不是获得满足感和长久的陪伴。

如果美貌也是如此，那它就会成为婚姻的障碍，而非有利条件。漂亮女孩可能会更多地依赖于她们期待获得的关注，而不去想能在社会中发挥哪些积极的、建设性的作用。不切实际的野心和虚荣心，再加上对他人意见的依赖，会使人缺乏自信。如果因美丽而被纵容，通常会妨碍一个人积极能力的形成，并削弱合作意识。因此，许多美丽的女性无法拥有幸福的婚姻。她们获得关注和欣赏，在性爱的满足中找到快乐，但她们的生活常常是空虚的。日益衰老的威胁始终笼罩在她们心头。魅力女郎和风流骑士，只是众多不合适的伴侣中的两种，然而这两种人却常常受到青睐。

个人的品位和偏好会促使他有意识地爱上某个人，但人们对其背后的内在动机却知之甚少。对伴侣的选择是由比内省和自我分析更深层次的心理活动来完成的。虽然每个人都知道也能意识到自己想要的是什么，知道自己的欲望和愿望，但他仍然不清楚自己真正的目标和意图，特别是当他的意图与常识不一致，与社会习俗、人们的生活逻辑相悖的时候。

一个能够适应社会、有勇气、有自信，对自己的未来和幸福充满信心的人，会凭直觉选择一个能保证他获得幸福婚姻的伴侣。一个气馁、悲观的人也渴望得到爱、感情和婚姻，但他的悲观态度会使他误入歧途。他要么看不到身边的好机会，要么会因为某个机会不符合他的悲观预期而选择逃避。他的防御心理可能会使他产生各种负面态度和行为,而这些会导致他面临性和婚姻方面的困难和挫折,同时,他又以这些态度和行为来为自己开脱,认为这就是他遇到挫折的原因。

## 制造距离

"距离"是一种独特的防御武器。任何不愿意屈从的人,都可能以各种方式制造距离。一种方式是通过区分不同的爱慕对象来制造距离。一个人如果被几个异性以不同的方式吸引,那他就不可能完全接受其中任何一个人。把精神上的爱和性吸引、情感和肉欲进行区分,这么做对制造距离来说是有效的。一个男人或许会爱上一个他没有胆量染指的高贵、优雅的女人。正如弗洛伊德所提出的:这个女人符合男人头脑中的母亲或姐妹的形象。[1]但这种心理"披露"并没有抓住重点,即这个女人很可能是男人为了保持距离而刻意选择的,但这种距离感并不是她想要的,女人不喜欢男人的这种尊重。每个人头脑中关于异性的形象,以

---

[1] 西格蒙德·弗洛伊德,《论人的特定类型的对象选择》(Über einen besonderen Typus der Objektwahl beim Manne),载于《神经症短篇论文集》,国际精神分析出版社,维也纳,1922年。

及使用这个形象的目的各不相同。如果我们把这个男人的行为理解为对母亲或姐妹的"乱伦情结",那就是对这种情况的曲解。同样,如果男人将社会地位或精神境界都低于自己的女性作为性满足的对象,也并不代表他就没有尊崇"母亲形象"的心理,而更多的是为了保持男性优势,或逃避进入美满的婚姻。"贬低和理想化都会产生距离。"[1] 如果有一个人,我们并不看重他,但在性方面却被他吸引;而另一个人让我们钦佩和赞赏,却无法激起我们的性欲,那问题就不是出在对方身上。实际上是我们自己在脚踩两只船,我们在性方面接受这一个,而在精神上接受另一个,还责怪对方不能在两方面都吸引我们。这种因果不分的行为是多么愚蠢啊!

## 选择不合格的伴侣

另一种制造距离和避免结合的常见方法,是选择已经受到其他关系约束的伴侣,这是一种非常有效的逃避责任的方式。许多男人和女人永远都有一种本能,那就是选择不

---

[1] 阿尔弗雷德·阿德勒,《性爱训练与放弃性爱》(*Erotisches Training und erotischer Rückzug*),赫泽尔出版社,莱比锡,1930年。

再是自由身的人做伴侣。他们也百思不得其解，不知道为什么自己会如此"倒霉"，让自己动心的人都属于别人。

一个年轻女孩向我抱怨自己遭遇的不幸。她一直没有遇到过不受之前的关系牵绊的人。"真的从来没有遇到过吗？"我问她。她承认："就有一次。"那是一种什么样的情况呢？她深深地爱上了一个被她极度理想化的男人。但突然之间，她对他的感觉消失了。她一直认为，她之所以不再爱他，是因为发现了他的缺点，并且以前是把他放在了一个他根本不配的位置上。她之前一直没有意识到，她态度的转变恰恰是在这个男人终于和前女友断绝关系，并决定彻底同她在一起的时候。这两件事并非巧合。现在轮到她必须为热切宣称的爱意负责的时候了。这才是她改变主意的真正原因。

这个案例说明了非常重要的一点：一个心理正常的人，如果意识到有不可逾越的障碍存在，他就会把兴趣转移到有希望的伴侣身上。然而，对于那些逃避婚姻的人来说，遇到障碍反而是他们坠入爱河的好机会，这时他会给自己开"绿灯"。只不过，当情况出乎意料地变得有利于两人的结合时，他就会失去兴趣，给自己亮起"红灯"。

## 给错误方向开"绿灯"

有一个男人在四十岁以前一直试图结婚。他很努力,但没有成功。在二十岁左右的时候,他一心想娶一个女孩,而这个女孩不愿意嫁给他。初次相识,他就向女孩求婚,这个举动吓到了女孩。他不断地求婚,但他越急迫,女孩就越犹豫。女孩越退缩,他就追得越紧。最后,男人放弃了。多年后,他才发现,他选择放弃的时候恰恰是女孩开始认真考虑要嫁给他的时候。这仅仅是巧合吗?再之后,他爱上了一个已婚的女人。多年来,他一直试图说服她离开自己的丈夫,但她始终没有离开丈夫的想法,因此最后他又放弃了。

从那之后,他没有找任何女人,直到他爱上了一个寡妇。他们稳定地恋爱了很多年,但她也拒绝嫁给他,尽管她承认她爱这个男人。她更愿意用已故丈夫的退休金度日,这能保证她完全独立。男人清楚地记得他第一次意识到自己爱上她的那一天。那是一个夏季的星期天的下午,他们一起坐在一家餐厅的花园里,他告诉她他想带她去乡下看望他的父母。寡妇迟疑了一下,然后说:"不。"她的拒绝让他震惊并感到心痛,他这才意识到他是多么在乎她。

这个男人并没有意识到,当寡妇拒绝见他的父母时,他事实上就已经知道她并不会嫁给自己。这对他来说是打开"绿灯"的时候,尽管在别人看来应该是亮起没有希望的"红灯"。他最终还是离开了这个女人,并来咨询心理医生。尽管他仍然狂热地想找一个伴侣,但他对此已经绝望了。我很难想象他真能找到一个女人做他的妻子,因为他已经给自己制订了一个聪明的否决方案。再当善意的亲朋好友给他介绍新的对象时,他就会启动这个既定方案。如果这个女人和他年龄相近,他会认为她不能激起他的欲望;如果这个女孩很年轻,他又担心自己无法满足她,害怕女孩会背叛他。如果女孩家境贫穷,他会担心自己被骗,认为女孩只是为了他的钱财才嫁给他;可如果女孩有钱、有收入,他又害怕她的经济独立会减弱他作为男性的影响力。

接下来,我们对这个男人的心理分析揭示了他的成长史。他成长于奥地利的农村,在那里男性拥有明显的优势。他的父亲性格强悍,在家里一言九鼎。他对父亲在家中的强势地位印象深刻。他尽力模仿他的父亲。他试图通过专制来维护他的男子气概,或者更确切地说,维护他对男子气概的看法,这导致他的母亲和妹妹成为这种男性专制的受害者。他渴望拥有父亲那样的地位,但又怀疑自己是否有能力像父亲那样强悍。这就是他悲剧性的内心冲突。他一方面变得犹豫不决、过于谨慎,另一方面又过于激进、咄咄逼人。他也想结婚后成为掌控者,但又担心自己不能胜任。因此只有当对方不想嫁给他时,他才会投入这段感情当中,这样他既能保留自己对婚姻的渴望,又能保持独身。

随着心理治疗的开展,这位患者开始了解自己。他不再紧张,与之伴随的神经症状也逐渐消失。就在治疗结束的几个月后,他来告诉我他订婚了。我很想知道,那个总是问怎么办、在哪里能找到合适女孩的他,是如何找到愿意和他结婚的女孩的。他给我讲了下面的故事:

> 有一次看马戏时,远处坐在第一排的一个漂亮的年轻女孩吸引了他。正当他考虑该如何接近这个女孩时,他注意到女孩身边坐着一个有些眼熟的青年男子。于是,他借机去和他们搭话,结果运气比他预想的还要好。在向这个青年男子做自我介绍时,他发现他们曾在一次旅行中见过,而这个青年男子只是女孩的弟弟。几个星期后,他和这个女孩订婚了。

这个故事很有意义,因为它说明了一个问题。当有人问"我怎样才能找到一个伴侣"时,我们是不是可以对他说"去看马戏吧"?生活为我们所有人都提供了很多机会,但我们需要好好地利用这些机会。如果我们发现自己根本找不到伴侣或总是遇到错的人,请不要抱怨自己缺乏机会,造成这些问题的关键在于我们错误的态度和期望。

## 缺陷的吸引力

很多人会爱上或是被最不可能跟自己步入和谐婚姻的人所吸引。很多时候,人们常常忽视好的结婚对象,反而选择令人担忧的对象。这主要是由潜意识中的两种倾向造成的:一是渴望保持自己的优越感,二是希望在爱情中受折磨。第一个倾向促使我们选择比自己地位低的或不合适的伴侣;第二个倾向导致我们选择那些尽管具有我们喜欢的特质,但会给我们带来不满甚至是折磨的人,我们只能从殉道中寻求慰藉。很多时候,伴侣常常因其缺陷而被选择。婚姻不幸的人们当初选择彼此的原因,是很容易被找到的。人们婚后对伴侣的抱怨,其实恰恰反映了在婚前对方哪些方面吸引了他,并让他坠入爱河。

有一位女士,她的婚姻极其不幸。丈夫爱赌博,没有稳定的工作,还抢走她的钱,甚至对她撒谎,对家庭完全不负责任。而她则是一个优秀、真诚、善良的女人。她不明白为什么自己偏偏选中这么一个男人做伴侣,其实她一直渴望有一个平和的家庭和一个体贴的丈夫。然而在接受心理咨询时,她承认在遇到现任丈夫之前，有另一个男人向她求过婚。根据她的描述，他是那种能带给她安全感、舒适感，陪伴她和对她负责的男人。但她更喜欢她现在的丈夫，尽管他当时一无是处，不仅赌博，还花心。毫无理由地，她觉得自己更被这个男人吸引。她认为他需要她，她能改变他，她发现了这个男人身上的优点，并且希望自己能将他的这些优点展现出来。这些都是她的辩解之词，其实真正的原因她并不知道。儿时的她因为有哥哥和弟弟，所以常常被父母忽视。在某种意义上，她认为是自己的女性身份使她低人一等，于是她就试图在其他方面让自己比他们优秀，她比哥哥弟弟更努力、更可靠，还承担超出自己范围的责任。长大后，她仍然需要保持这种优越感，因此她选择了一个比她弱并且工作不稳定的丈夫。

通常，人们会在脑海中保留着对那个错失一生的理想伴侣的记忆。可为什么我们只有在失去之后才意识到那个人是最合适的呢？

有一位患者告诉我，他曾爱上了一个非常优秀又意气相投的女孩，并认为永远也找不到和她一样好的女人了。她肯定能成为他最理想的妻子。但他无法理解的是，他为什么总是与她争吵。虽然女孩爱他，他也非常爱女孩，但他们的关系还是在没完没了的争吵中结束了。他承认，在他们谈恋爱的时候，他一直认为这个女孩太聪明、太能干了，自己永远无法达到她的水平。不久后，他爱上了一个娇生惯养且不太出色的女孩，然而她给了他证明自己优秀的机会。他娶了这个女孩，当然了，他们在一起生活得很痛苦。

另一个患者抱怨他的妻子缺乏主动性，做事没效率。她太被动了，而且不承担任何责任。这位患者声称，尽管他神经方面有问题，但只要他的妻子更能干一些、更独立一些，他可能早就成功了。而现在，无论家里家外，他必须亲自处理所有的事情。对他来说，妻子是个累赘，不能帮助他，她既不懂得节约，也不能让家庭和睦。那么，他为什么偏偏娶了她？他说他当时不知道她是什么样的人。我邀请他的妻子来跟我谈一谈。她是个害羞的人，但真诚而坦率。她讲述了自己的经历，她说她的丈夫处处限制她的活动，并剥夺每一个让她发挥作用的机会。甚至她还没有开始做，他就劝阻她，然后自己把事情承担下来。她注意到，如果她主动做任何事或承担任何责任，他就会生气、暴躁。为了避免摩擦，她不得不把一切都交给丈夫。她认为，丈夫更希望她能依赖他。也许她的想法是正确的。

这就解释了他为什么会与她结婚。他爱上她，正是因为她的无能和被动。这就是他想要的——一个会仰视他的、比他能力低的人。如果她不是这样的人,他在家中的优势就会受到威胁;而且,他也就无法为自己的不足找到借口和替罪羊。他在家中排行老大,他想在哪儿都保持老大的地位。在自己的小家,他拥有很高的地位,但他发现只要走出这个家,他就很难实现自己的野心。

有个男人抱怨他的妻子非常霸道,只给他很少的零用钱,从不让他独处,还总是唠叨他,对他吹毛求疵。但事实上,极有可能正是因为这些特点,他才娶她为妻。这个男人从小被母亲娇生惯养,羞于与女孩接触。他第一次见到妻子时,曾因为得到她的关心而欣喜若狂。她对他的穿着打扮、行为举止提出了建议。相比那些灯红酒绿的场所,晚上她更喜欢安静地待在家里,因为这样省钱。他喜欢这样,觉得她和他之前遇到的其他女孩完全不同。但当他们结婚后,他却不喜欢自己的这个选择了。难道他真的不知道她是什么样的人吗?还是她变了?都不是。即使他选择了另一个人为妻,他也未必会比现在幸福。

很多时候,人们对一种类型的伴侣感到失望后,再婚时就会倾向于选择相反类型的人。有些性情刻板的人,会一次又一次选择同一类型的伴侣,而且永远学不会如何与对方和睦相处。而那些勇敢的人则会选择一个与之前完全不同的人，但并不能证明这么做就一定会拥有幸福的婚姻。例如，一个女人对任性妄为、不懂体谅的丈夫深感失望，离婚后爱上一个做事有条不紊、值得依赖的男人，但这个男人过于谨慎，一直不肯娶她。再或者，被第一任妻子支配的男人，后来娶了一个对婚姻、家务和孩子都没什么责任感的小女孩。这些极端的做法都会导致相同的结果，即两个人无法达成合作与统一，总是充满摩擦。

无论丈夫或妻子的抱怨多么诚恳，也无论他们如何努力地朝着与对方更一致的方向改变自己，对婚姻都是无济于事的。这些恼人的特质不仅在婚前吸引人，而且在婚后会不断地被当作毛病加以挑剔。即使婚前的优点变成了婚后的缺点，这些缺点也同样有助于维持两人曾经建立的平衡。一个人婚前的节俭婚后被视为吝啬，婚前的慷慨婚后被视为奢侈，婚前的自信婚后被视为控制欲强，婚前的有条不紊婚后被视为过分谨慎，婚前对家庭生活的热爱婚后变成了沉闷的居家不出。可即便如此，如果被抱怨的一方因此而改变了自己的行为，那结果同样非常危险。那些强烈抱怨妻子能力不足和效率低下的人，会更加不满于妻子表露出来的自力更生的能力。"妻管严"的丈夫如果没有得到"适当的关心"，就会觉得被妻子忽视了。为好赌丈夫还债的女人，如果丈夫变得有条理、有责任感时，她就会怀念承担责任和自我牺牲带给自己的满足感。抱怨妻子轻浮的丈夫，如果妻子不再能获得其他男人的爱慕和关注，他很可能会对她失去兴趣。其实，每个人都很乐意去维持伴侣身上的缺陷。

## 生活方式的互补

促使人们选择某个伴侣的因素与后来在婚姻中产生的冲突息息相关。这种关系不仅是有意识的选择与合乎逻辑推断的结果，在更大程度上，它还是基于两种个性之间的融合。在两个人决定结婚的那一刻，他们感觉到彼此生活方式的一致性。即使是因醉酒或性冲动而缔结的婚姻，也代表了两个人在个性上有着比一般人更为深刻的一致性。虽然这样的选择多属意外，而且通常以失望和迅速分手告终，但仍真实反映了两个人的个性。无论他们的婚姻能持续多久，他们的生活目标在做出这个决定时就融合在一起了。

虽然两个人做出了同样的决定，而且他们的生活目标具有一致性，但这并不意味着他们的生活方式完全相同。相反，两个人的生活方式需要有差异并形成互补。都想成为支配者的两人很难生活在一起，两个逆来顺受的人也很难生活在一起。然而，我们必须把非决定性的心理特质和决定性的生活方式区分开。夫妻双方可能都志向远大，也可能都怨天尤人，但他们仍能和睦相处。夫妻之间的相同特质或许可以将他们更紧密地结合在一起，但决定性因素并不是这些相同的特质，也不是许多人认为的共同兴趣，而是他们基本的生活模式，是他们争取优势地位、获得成功感或安全感的方式。这就解释了为什么一家中最大的孩子通常会与另一家庭中最小的孩子结婚，为什么一个占主导地位的人会和一个顺从的人结婚，为什么残暴的人会和品德高尚的人结婚。普通夫妻基本都是上述搭配类型中的某一种，哪怕是其中比较极端的例子也不像人们想象的那么罕见。

F夫人的个性是在与妹妹的竞争中形成的，她在智力、学业和社交方面都优于妹妹。她通过打败妹妹，来获得父母的认可，维持自己的领先地位。可是，她的做法在不知不觉间造成了妹妹的缺陷。后来，她嫁给了一个在姐姐的阴影下长大的男人。丈夫的姐姐很强势，而且很能干。尽管F夫人和她的丈夫经常争吵并为此而痛苦，他们抱怨彼此"合不来"，但他们却完美地融入了彼此的生活。虽然妻子发现丈夫缺乏求知欲、举止粗鲁，让人难以忍受，但很明显她从丈夫的这些特质中有所获益——她很可能得到了她一直想要的东西。

O夫人的父母有几个儿子，她是家中唯一的女孩。这使她有着强烈的"男性抗议"，她一直想扮演男人的角色。同时，她的丈夫有一个很有男子气概的哥哥，这让他从小就觉得自己不是"真正的男人"。他避免参加任何男性的竞技活动，并在艺术中找到了自己的乐趣，他的妻子则代替他在男人的世界里打拼。他们对彼此都不满。由于在社交和经济上遭遇困境，O夫人把这些都归咎于丈夫缺乏力量，太软弱、太"女人"。他们虽然经常发生矛盾，但确实很般配。

下面这对夫妇的婚史可能听起来很不可思议，但他们在朋友和同事眼中就是一对普通中产阶级家庭的夫妇。

夫妻俩都很聪明，并且很好地保守了他们之间的秘密：女士的丈夫曾经是她母亲的情人。这位女士为什么会爱上自己母亲的情人？一部分原因是她恨自己的母亲——这是千真万确的，她憎恨母亲的不忠和对父亲的不尊重，但更主要的原因是母亲似乎更喜欢妹妹。从孩提时开始，她就觉得母亲只偏爱妹妹，自己却被嫌弃、被忽视，她只能通过肉体的满足来寻求补偿。尽管她自称对丈夫十分尊重和赞赏，但她应该早就意识到了这个"勾引"自己情人女儿的男人是什么品性。当她用尽一切手段让他与自己结婚的时候，她可能已经猜到等待她的是什么结果。

婚后不久，丈夫就表达了对她强烈的不满，直截了当地告诉她他不喜欢她，并且觉得是她骗他结婚的。她默默地接受了丈夫这样的态度，继续爱着这个男人。不久后，他离开了，但她依然等待他的归来。果然，他回来了，因为他们确实很般配，但他带给她一件礼物——淋病。即使这样，她还是一如既往地爱着他。然而，在她生下第一个孩子后不久，他又离开了。她仍然耐心地等待着，直到他再次回来，而这次他带回来的是梅毒。即便如此，她还是没有离开他。了解他们情况的几个人都无法理解她为什么如此容忍，有些人试图用性奴役来解释她的行为。其实，追求肉体上的满足是她唯一的理想，她愿意为此受苦。但与此同时，她也在用自己的痛苦来惩罚丈夫，就像之前她用同样的方式惩罚母亲一样。因此，她觉得自己比那个折磨她的"罪人"优越。许多小事都揭示了她是如何故意惹得丈夫施虐的。只要稍微有点常识，站在她丈夫的角度来审视整个状况就能得出这样的结论。她要成为"无辜的受害者"这个秘密意图，就是她选择这个男人做丈夫的原因，也是在丈夫残酷对待她之后，她还一直抓住他不放的原因。事实上，这段婚姻最根本的问题并非出在人们所认为的丈夫身上，而是出在这个"圣洁"的妻子身上。

## 吸引的真正原因

人们选择伴侣的真正原因通常是不为人知的，它会被很多合理化的理由所遮盖。许多人认为结婚是为了获得安全感，但婚姻给不了我们安全感。生活中根本没有安全感。婚姻解决不了任何问题，因为婚姻本身就是一个必须解决的问题，它只是在众多生活问题之外又增加的一项新任务。有些人结婚是为了提高自己的社会地位或改善自己的财务状况。当然，配偶，尤其是妻子，可能会取代丈夫的支配地位，丈夫有时也会享用妻子的钱。但是，这些利用配偶的地位、财富的倾向，其背后还有更深层的个人目标，而不只是表面所体现出来的为了提高社会地位、改善经济状况。有些愚蠢的男人认为，为满足性欲，结婚比取悦女朋友更经济、更划算。要知道，每个人都得为他的所得付出代价，因此，如果有人希望以更便宜的价格得到想要的东西，那他通常就会被骗。但人们结婚的真正原因——不管他们主观所认为的原因是什么，都是对联合的强烈渴望，是人类对"归属感"的基本需求。而归属感是人性的一部分，是社会发展的动力。

每个人的个性都是从孩提时代努力使自己与他人融为一体的过程中发展起来的，由此形成的生活方式会吸引我们去寻找那些与我们的社会生活和人际交往方式相适应的人。性爱关系和婚姻制度使得婚姻关系比其他任何人际关系都更亲密。因此，相比其他人际关系，在选择配偶时，个人性格的基本模式会起到更具决定性的作用。

## 一见钟情

"一见钟情"这种现象尽人皆知,它可以证明我们有能力在很短的时间内察觉到另一个人的个性,并确定——尽管是无意识的——他符合我们的期望。我们能立刻感觉到别人在多大程度上符合我们潜意识里的要求。

一个颇具魅力、聪明伶俐的年轻女子嫁给了一个深爱她的富商。他们有一个美好的家庭和一个惹人疼爱的孩子。这段婚姻似乎相当美满且令人满意。女人精力充沛,丈夫不仅在金钱方面满足她,还给她充分的自由。她经常带着孩子到欧洲各地旅行。在一次旅行中,她完全失控了——她永远无法理解事情是怎么发生的——她遇到了一个男人,并且立刻爱上了他,她爱得那么深,以至于为他放弃了一切:她的丈夫、她的家庭,甚至还有她心爱的孩子。更让她不解的是,掀起这么大波澜的家伙,只是一个相当平凡、木讷且一点儿也不帅的男人。他是一个乐队的钢琴手,工作很不稳定,学历也不高。他不会表达任何深沉的情感。对于任何女孩来说,他都是一个糟糕的选择,没有人明白到底是什么吸引了她。当然,她自己也解释不清楚。也许这就是爱情的神秘所在。

这个女人后来承受了巨大的痛苦,她牺牲了很多,但那个男人还是离开了她。后来，她到我这儿来寻求精神治疗。在对她的成长历程进行分析之后，谜底终于揭开了。她是一个独生女，父亲非常富有，把全部心思都放在她身上。她还是个孩子的时候，要什么就能得到什么。因此，她总是想要得到更多，而她也确实得到了想要的一切。她渴望出人头地，受人崇拜，但又极度不自信。她需要不断证明自己比其他人出色，才能减弱自己经常产生的自卑感和不满足感，因为她从未做过任何工作，也没有通过贡献和努力获得过成功和认可。因此，当她的丈夫在她快二十岁向她求婚时，她接受了，因为这个男人完全符合她的期望。丈夫对她的关爱证明了她很出色，丈夫的收入保障了她的社会地位，也满足了她的一切愿望。

她毫无限度地用各种方式证明自己对丈夫的掌控。她要求的越来越多，付出的却越来越少——而她的丈夫却听之任之。她环游欧洲，把丈夫撇在家里好几个月，并不是因为她喜欢冒险，而是因为她很无聊，她想用这种方式来考验丈夫对她顺从到什么程度。但他越是让步，她就越不满足。因此，她开始对丈夫的宽容和自己对丈夫的依赖感到不满。就在她试图支配丈夫的过程中，丈夫变得越来越重要，而她越发变得微不足道。然而，她从不允许自己沉溺于其他男人对她的爱慕中，因为她的道德也有助于自己维持优越感，直到她最终遇到那个让她神魂颠倒的钢琴手。

现在，我们就不难理解是什么吸引了她。当她遇到那个男人的时候，她找到了在各个方面都可以让她真正处于优势地位的人。在他们第一次见面时，她本能地意识到了这一点，并充分利用了这一点。她一点儿都不依赖他。她的优越感是建立在自己的贡献之上的。当然，她也做不了多少，因为她没有做过什么家务。她的贡献只不过是自己可以做出的牺牲：放弃孩子、丈夫、家庭、社会地位和各种便利条件。这个漂亮又富有的女人就像女神一样，进入了这个无名小卒的生活。他受宠若惊，把她视为上天赐予的礼物。但是，当她有所要求时，他却断然拒绝承担任何责任，于是他们开始不断争吵。有一段时间，她还可以控制他，但是后来他开始对她的专横进行反抗，觉得自己受到了虐待，当然事实也确实如此。最终她被抛弃了，这意味着她争取优越地位的努力以失败告终。要想重归正常的社会生活，她的生活方式就必须改变。

这个案例不仅证明了一个人可以在短时间内了解另一个人，还展示了人的潜意识如何促使我们做出特定的选择。那么，如何才能确保我们选择的是对的那个人呢？我们必须记住，爱情和婚姻只是众多生活问题中的一个；我们对异性的态度与对生活的总体态度要相一致，也就是说，我们在面对生活中出现的任何问题时，都会抱有这个态度。如果我们朝着正确的方向，即朝着顺应社会兴趣的方向、朝着具有勇气的方向、朝着与他人合作的方向、朝着做出贡献与解决问题的方向前进，我们自然而然就能做出正确的选择。如果我们的方向都是错的，我们又怎么能期望自己做出明智的选择呢？其实，对伴侣的选择就是对个人的适应和调整能力的考验。

## 感觉不过是可靠的仆人

我们的感觉总是能真实地反映我们的行为动机。我们可以相信自己的感觉，因为它会带给我们所期望的东西。感觉或许会令我们痛苦，但错不在感觉本身，它只是满足主人需求的仆人而已。而这个主人就是我们的动机和期望，是我们的人生观。我们的行为——包括对伴侣的选择——可以帮我们找到自己的方向。我们爱一个人是因为他的缺点还是优点？我们选择某人，是因为我们期望得到他的保护，还是想得到其他好处，抑或因为我们了解彼此？我们的爱仅仅是基于它带给我们的快乐，还是基于人类的亲密感情？这些问题可以帮助我们意识到自己是否有错误的态度，还会引导我们不断质疑和调整我们的爱情观和人生观。

## 理性是择偶的合理依据吗

现在出现了这样一个问题：在选择配偶时，理性应该扮演什么角色？由于我们的感觉不能确保方向的正确性，因此人们可能倾向于以理性而不是爱情来作为婚姻的基础。然而，除非得到感情的支撑，否则理性是无法发挥作用的。如果一个选择能让我们身心愉悦，并基于社会归属感和合作的动机，那么感情就会随之而来。也许与那种打破常识、抵挡非议、美化缺陷的激情相比，这种情绪不会那么激烈、那么压倒一切。理性的感情则是不同的，它不事张扬，将喜爱深藏于心，这似乎比猛烈的热情更可靠。但是，缺乏感情支撑的理性选择永远不可能是合理的，因为精于算计的感情事实上是对他人的一种拒绝。一个人如果只凭理性去选择伴侣，而不带有任何感情，甚至连基本的同情心都没有，那他的选择必然会是错误的。这样的婚姻会充满陌生感与距离感，它不会产生亲密、温暖的感觉，也不需要谁顺从谁。然而，如果"理性"的这个人遇到的是一个聪明的伴侣，有足够的自信和勇气，那他偶尔也会抛开那种冷漠的情感防御机制。

过去，这种理性的婚姻很常见，婚姻大事全由父母做主，两个人的结合往往是以家族利益为先。几个世纪以来，爱情都不是在婚前建立起来的，而是在结婚后慢慢培养的。在我们这个崇尚自主独立的时代，当一个精于算计的人步入婚姻殿堂时，他通常还在等待机会坠入爱河——只不过是和伴侣之外的其他人。这种"无法预料"的激情，可以很好地拉开并保持更大的婚姻距离，足以抵消配偶为赢得更真诚的合作而付出的一切努力。

很难说爱情和理性哪个是幸福婚姻更可靠的基础，因为只基于爱情，或者只基于理性，都是错误的。如果通过逻辑和理性无法证明一个人的爱情是朝着积极的方向发展的，那这份爱情就是不可靠的；如果一个人没有发自内心的真挚情感，那么理性的选择也会失去合理性。倘若当代人不再因当前文化的变迁，特别是两性关系的变化而困惑，那他们将很容易认清这些事实，社会上也就不会围绕"理性与爱情是否对立"这个问题而争论不休了。总体而言，个体的独立，尤其是女性的独立，让我们有了对"自由"的渴望，而这种"自由"实际上是逃避应负的责任，而非真正意义上的独立。人们所标榜的爱与其说是渴望彻底接纳某一个异性，倒不如说是拒绝那些不能激起他们爱情的人的借口。

## 逃避婚姻

许多男人和女人疯狂地寻找伴侣，但是他们根本没有意识到自己的错误态度，因此无论他们怎么努力，但最后仍孑然一身。他们不会爱，或者不想去爱；他们找不到能托付真心的人，也没有人愿意将心托付给他们。很少有人能认识到自己成功逃避婚姻的真正原因。有的女孩把不结婚归咎于自己的贫穷，而有的女孩则归咎于自己的富有。贫穷的女孩哀叹说，自己没有漂亮的衣服，也没钱招待朋友，所以无法遇到合适的男人；富有的女孩抱怨说，所有的男人都只是想要她的钱，而不是她这个人。有的女孩认为自己太丑了，无法吸引任何男人；而有的女孩则哀叹是自己的美貌导致了失望。实际上，女孩有时的确会因为太漂亮而被拒绝。当面对男性的欣赏和关注时，漂亮的女孩常常会置之不理，她们觉得自己被冒犯了，因为她们认为这些男人看上的只是她们美丽的外表，而并不在意她们的思想和灵魂。

上述理由听起来似乎没什么问题，但它们都不是真正的原因。有许多贫穷和富有的女孩都获得了幸福的婚姻；相貌丑陋的女孩也有嫁给帅气男孩的，漂亮的女孩也有婚姻非常美满的。有些理由一听就是借口，比如一个女孩认为是由于自己太矮才找不到伴侣，而另一个女孩则认为是自己太高了才找不到伴侣——她相处的男友一个只到她的鼻子，而另一个只到她的肩膀。这都是无关紧要的理由，显然，它们都站不住脚。

尽管我们生活在一个男权世界中，男人们仍然是手握选择权利的"买家"，但他们找不到伴侣的理由也同样充分。只不过男人们很少将责任归咎于自身的缺点，而是归咎于经济状况或家庭环境，但最常见的是他们会归咎于异性的缺点。随着女性获得与男性平等的社会地位并开始仿效男性，她们也变得挑剔起来，而且认为她们单身是因为没有找到合适的男性。实际上，无论男女，这类人都是胆怯的、气馁的。他们惧怕婚姻，担心在婚姻这场考试中不能及格。他们要求伴侣给予安全感，是因为他们自己没有安全感。也恰恰是由于安全感的缺失，他们才对伴侣吹毛求疵、兴趣持续时间较短。他们的要求太高了，要知道不论一个人性格有多好、多么富有，都不能保证永久的舒适和便利。

## 追求完美

这种追求完美的态度可以通过下面两个例子得到很好的说明：

两个男人在街上相遇了。其中一个打招呼说："你好，鲍勃。你怎么了？你为什么看起来垂头丧气的？"鲍勃说他遇到了他一直在寻找的女孩：一个完美的女人。他对她的美丽、魅力、智慧、善良、善解人意、谦逊赞不绝口，而且她还很富有。然后，朋友打断了他的话："那你怎么还是这么不高兴？"鲍勃回答："没什么，只是我运气不好。她正在寻找一个完美的男人！"

这世上真的存在"完美的男人"和"完美的女人"吗？有一位讲演者在讲座中曾说过完美的人是不存在的，为了证实这一说法，他问听众是否有人听说过完美的女人？结果没人听说过。他又问有没有人听说过完美的男人？就在这时，角落里传来了一个细弱的声音："是的，先生，我听说过。"一个看起来性格温顺的小个子男人站起来。讲演者问："你听说过完美的男人？他是什么样的？"小个子男人答道："我妻子的前夫。"

现实中从来没有"完美"这回事，它只存在于我们的幻想中；如果我们愚蠢地认为完美存在于现实中，那么，它只可能是在过去。但追求完美的想法是真实存在的，它能产生巨大的力量，让我们对现在所拥有的东西视而不见。

## 欲望与真实意图

非常强烈的结婚欲望并不一定是想要结婚的真实意图,只有实际行动才能说明一切。

有一个年轻的女孩,很小的时候就喜欢做白日梦,梦想自己将来会是一个幸福的妻子和母亲。白日梦通常都是些无法实现的事情。如果这个女孩真的有信心,她就会去行动而不是停留在幻想中。为什么这个女孩不相信自己以后会拥有幸福的婚姻呢?因为她从小就对父母不幸的婚姻感到沮丧,她坚信女人在婚姻中扮演的是屈辱的角色。她还警告闺密不要结婚,这证实了她真实的想法与她的梦想背道而驰。虽然她认为对闺密的建议合情合理,但她自己却特别想尽快嫁出去。她不顾亲朋好友的劝阻,与一个自己想嫁的年轻人坠入情网。

几年过去了,这个年轻人越来越不愿意结婚。当她觉得自己已经过了适婚年龄时,这个年轻人最终离开了她。她永远不明白为什么在所有追求她的男人中,她会只钟情于他。事实上,在她自诩的对婚姻的渴望背后,隐藏着她对婚姻的巨大恐惧。难道她很早就发现这个年轻人同样对婚姻有着根深蒂固的厌恶?而下面这件事最终证明了她潜意识里逃避婚姻的倾向。她永远无法解释,为什么就在他们分手之前,她还会同意这个年轻人的性要求。她否认她是想通过满足他的性欲来维持这段关系。她知道两个人的关系已经结束了，那她为什么在明知两人没有任何希望的情况下，反而放松对自己的道德约束呢？这其实是她的"道德自杀"。她认为自己已经失去了嫁给任何一个体面而又合适的男人的权利。她通过这一"堕落行为"为自己提供了一个新的、永久的逃避婚姻的借口。

经过成功的心理治疗后，她改变了自己对男人和婚姻的态度，之后拥有了幸福的婚姻。

## 抵制婚姻

除了那些声称想要结婚却从未朝着这一目标前进的人，还有很多人公开承认他们不想结婚。他们中的一些人把感情失败作为不想结婚的理由，谴责婚姻制度，并且认为开放式的关系和滥交代表着一种英勇的人生。借此，这些人将自己的怯懦美化成英雄主义。有些男人认为女性是万恶之源，或者将女性视为微不足道的、卑贱的群体。当对异性的逃避不能完全实现时，可能会出现阳痿和性冷淡。阳痿和性冷淡并不会对兴趣、感情，甚至性吸引造成阻碍，但至少在生理意义上，两性将不可能实现完全的结合。

## 如何找到合适的伴侣

择偶失败会使人感到不快乐、沮丧和孤独。虽然孤独不只限于未婚人士，但单身确实会给人带来失望和无奈。

对许多人来说，困难的是如何找到合适的伴侣，或者如何知道某个人是不是好的选择。不幸的是，要解决这个问题，没有任何公式可循。除了遵从自己的好恶，找到个性一致的人，我们还能做什么？我们必须接受这样一个事实：无论找到什么样的伴侣，都是我们应得的。问题不在于伴侣是否足够好，而在于我们是否能凭自己的能力和意愿让自己做到最好。谁是那个适合自己的人，这是个巨大的困惑，而文学、戏剧和电影的渲染又加剧了这种困惑。诗歌、宗教、浪漫小说使人们形成了这样一种理念，即"婚姻是天作之合"，是命中注定的结合，没有任何力量可以阻止。因此，人们一直在等待"天意"降临——要么等不到，要么天意到来却意识不到。其实很简单，没有人是为谁量身定制的。在这个世界上，没有人必须找到自己的"另一半"才能使人生完整。每一个坠入爱河的人，都认为对方就是那个合适的人。如果这就是事实，就不会有那么多人痛苦地从梦中醒来了。"对的那个人"是被理想化的，被诗歌、幻想和神秘主义美化了的。有人试图用科学研究证明，选择有优劣之分。[1]但研究结果并不浪漫,而是很实际的。社会背景、受教育程度、宗教信仰和共同兴趣等因素,都不是什么神秘的预先注定的天意。据科学调查,多接触异性容易遇到合适的伴侣,即使选择了不合适的伴侣,也只是意味着获得幸福婚姻的可能性比较小,而不是完全不可能。做出正确选择的主要因素包括:有选择的意愿,一定的常识,以及充分利用现有条件获得幸福的决心。按照这些来采取行动的人,总能找到合适的伴侣,否则永远也找不到让自己满意的人。

一个人越缺乏勇气,做出选择的机会就越少,因为从此以后他会寻找更多的借口而不是机会。但是,实际上每一个选择都有好的一面。正如没有完美的人一样,世上也没有完完全全的坏人。一切都取决于我们在伴侣身上看到了什么,并激发出了什么。

## 纠正错误的选择

身处不幸婚姻中的两个人,能否通过解除婚姻关系来纠正当时这个错误的选择?或者说,他们将已经建立的关系

---

[1] 欧内斯特·W. 伯吉斯和伦纳德·S. 科特雷尔,《婚姻成败预测》(*The Prediction of Success or Failure in Marriage*),普林蒂斯·霍尔出版社,纽约,1939年。

毁掉，是在犯另一个新的错误吗？结束现有的婚姻关系，比建立新的、更好的婚姻关系来得容易。可在此之后，重新选择伴侣的任务，不会比努力调整自己以适应现有的婚姻更容易。我们自己就是成功或失败的根源。我们无法逃避我们自己，因此也就无法通过逃避来改善生活现状。如果我们与另一方无法和睦相处，那我们必须反省自我。如果一个人陷入无爱的婚姻，那他要做的不是寻找新的伴侣来唤起自己的感情，而是重新认识现在的伴侣，并多理解对方。有时，对同一个人的第二次选择可能会更幸运、更幸福。在某些情况下，分开才能给彼此一条生路，但离婚也并不意味着夫妻双方就水火不容。如果人们懂得如何更好地一起生活，那么许多婚姻都是可以挽救的，许多错误的选择也可以转变为正确的选择。

Living Together

第五章
# 共同生活

## 社会生活的逻辑

心理学家认为,所有婚姻问题都表现在两个方面:一方面在于婚姻中的两个人以及他们的个性,另一方面在于双方对待彼此的方式。通过了解一个人的成长历程、生活方式、接受过的教育和领悟能力,我们可以得知其行为背后的原因,以及其遭遇困难的缘由;同样,由于婚姻中的所有困难都具有社会性,因此一个人经历的任何困难都不是孤立的个案,因此有必要对造成目前状况和社会氛围的人际交往和人际关系进行研究。阿尔弗雷德·阿德勒首次揭示了"所有个人问题和冲突,本质上都是社会性的"。在试图了解患者的过程中,他发现了"共同生活逻辑"[1],也被称为"社会生活的铁板逻辑",而神经症患者会忽视或违反这一逻辑。

---

[1] 阿尔弗雷德·阿德勒,《理解人性》(*Understanding Human Nature*),格林伯格出版社,纽约,1927年。

他发现，在集体环境中，要想和睦相处就必须遵守一定的规则。明确的合作规则对于维护和谐的人际关系至关重要。生活中所有的失败、不快和失望，都是因为对必要的合作规则的忽视或违反。

什么是合作？是否像许多人认为的那样，是周围的人对我们应尽的道德责任？我们很容易意识到别人身上缺乏合作精神，并认为它十分重要，但很难察觉到自己缺乏合作精神。虽然我们明确地知道合作的意义是什么，但自己在实践时却只能做到有限的程度。

## 对合作的科学研究

将"合作"作为研究的主题，似乎意味着对价值观的考量，与其说这是一个科学问题，不如说它与宗教和道德的关系更大。自然科学很容易忽略价值观，但心理学不能这么做，因为它研究的主体恰恰是具有不同价值观的个人。心理学必须尝试将价值观偏好作为研究主题，甚至在研究的过程中要接受这种偏好的存在，并找到克服其不良影响的方法。心理学作为一门科学，必须尽可能地保持客观，避免个人价值观的影响，但又必须对个人的价值观进行分析。

当我们不考虑道德和伦理的因素来定义"合作"时，

我们就可以避免对某个特定行为做出"好"或者"坏"的判断，也就可以避免不相关和不必要的评判。不过，在指出某种具体的行为将导致哪些结果时，我们必须保持客观，以便对合作进行恰当的描述。

那些破坏人际关系的行为可以被看作是与合作相矛盾的；而所有旨在消除人际关系中的摩擦和对抗的行为，都符合合作的规则。合作是人们有序互动，和谐共进，目标一致，相互帮助。所有激发或强化这种和谐状态的行为都可以被视为符合合作规则，而任何制造分歧、摩擦和敌对的行为都是违反合作规则的。清楚地了解这些规则，可以有效地帮助我们在重要关头加强合作，从而避免灾难性的错误。虽然针对合作涉及的所有相关因素的调查，尚无最终结论，但我们希望通过心理学、社会学，也许再加上人类学的综合研究，以更清晰地理解合作。即便如此，我们还是对合作所基于的一些基本原则有了一定程度的认识，尤其对幸福的婚姻而言，遵守合作规则是必不可少的，因为婚姻是最亲密的共同生活的方式，是两个人之间最亲密的联结。

人性本质上是社会性的，人的品性是社会交往的结果。与世隔绝多年的人，比如遭遇海难的失联水手，会丧失所有典型的人类品性。然而，对人际交往的各种行为做出回应，是基于天生的社会感。这是数十万年人类群体生活的结果，是一种遗传下来的潜能。每个孩子从出生起就具有这种社会感，然后会逐步发展，最终达到当前文化和复杂的社会秩序所需的程度。一个人有多大的合作能力，主要取决于个体从童年时期就开始成长的社会感的发展程度。

社会感意味着对社会群体的兴趣，是一种归属感的体现。缺乏足够的社会感会限制合作，导致我们将周围的人视为必须小心提防的险恶敌人。这种敌意会阻碍合作，而社会归属感会促进人与人之间的合作。

归属感的前提是信任，认可并接纳他人为自己的同伴；而自信也是一种力量的源泉，使我们能够面对任何可能发生的事情。恐惧是合作的主要障碍。只要恐惧没有阻挠人类天生追求社会归属感的倾向，人类就会发展出社会归属感并相互合作。人的自卑感会抑制人们合作的欲望，还会让人产生自卫的冲动。当一个人面对想象中的危险，通常是他觉得个人的声望和利益受到威胁时，他会不必要地采取防御姿态。其实每个人都喜欢合作，如果不能与人合作会感觉很痛苦。

既然恐惧是合作的主要障碍，那我们该如何避免呢？显然，建立安全感是一种方法，但安全感本身并不存在。死亡、疾病和灾难会不断地威胁我们，而且这种威胁会永远存在。我们无法建立安全感，因为我们无法完全消除这些威胁。然而，我们可以增强对自己和周围人的信心。我们可以努力让自己变得为他人所接受,并努力接纳对方。只有自信,才能帮助我们面对无法掌控的情况。在压力下表现出的自信就是勇气。勇气和自信是构成安全感的唯一基础,人类的安全感建立在这样一种认识之上:无论发生什么,我们都能迎难而上,尽自己最大的努力去面对。

## 对合作的两种基本态度:支持或反对

由此,我们看到两组对立的品性,或者叫态度:

| 社会感 | 敌意 |
| --- | --- |
| 信任他人 | 不信任和怀疑 |
| 自信 | 自卑 |
| 勇气 | 恐惧 |

社会感意味着信任他人,信任他人就需要自信,而勇气是自信的表现。信任他人、自信和勇气这几种品性是合作行为的根本动力,而它们的对立面则是导致不合作的普遍原因。这些基本态度形成某些行为模式,我们简单地将其称为人的性格特征。仇恨、嫉妒、猜忌、蛮横、自负和贬损都是个体用来防御的,能够强化其不愿意融入社会群体的意

愿。相反，仁慈、善良、慷慨和宽容则表明了一个人合作的倾向。

对合作的错误观念将导致两种误解。一种是，认为愤恨可以促使对方做出改进，甚至是朝着改进的方向采取行动的先决条件。如果人们不了解愤恨的心理结构——它的起源和后果——就很容易忽视这样一个事实：愤恨是指对令人不悦的事物产生的敌对情绪。但是，人们是否需要通过敌对情绪来补救和改善不满意的状况呢？大多数人认为是需要的。这种想法真的是大错特错！做出建设性的改变根本不需要敌意。相反，带有敌意的行为通常不能带来改善，反而会带来更多的干扰，导致更多的摩擦和分歧。我们不会为了改善而产生敌意，只有当我们对成功失去信心时，才会心生敌意。只要一个人相信自己能使事情得到改善，他就不会愤恨；但是，一旦对自己是否能够解决问题产生怀疑，他就会开始愤恨。例如，妻子可能不喜欢丈夫的某些习惯，但是只要他有改变的希望，她就不会怨恨。她之所以怨恨，是因为她越来越气馁。愤恨是基于恐惧和缺乏信心，因此它会阻碍我们找到满意的解决方案。如果没有发自内心的接纳，就不可能实现真正的改进。

"接纳"这个词需要再次加以阐明。接纳不等于认同。如果只在完全认同的前提下才接纳，那我们可以接纳的就太少了。没有人能百分之百地符合我们的喜好，但这是否意味着我们无法接纳任何人？接纳不仅仅意味着和睦，还表达了一种对人对事的积极态度，无论这个人或这件事有怎样的缺点和不足。只有建立在友好、理解的态度之上，我们才能影响他人，让他们朝着合作的方向前进，才能制订建设性的解决方案以克服障碍。如果丈夫觉得妻子完全接纳自己，他会很乐意按照妻子的愿望改变自己；但如果他感到妻子怨恨和嫌弃自己，那他可能会朝着相反的方向发展。

对合作原则的第二种误解是：人们普遍认为，当发生利益冲突时，除了对抗或屈服，别无选择。殊不知，无论是对抗还是屈服，都会破坏合作，双方都将一无所获。屈服意味着投降、屈辱，最终会导致新的反抗和敌对。而对抗一般以征服或被征服告终。被征服者会心生仇恨，而征服者则会产生可怕的不安。有些看似需要斗争的情况实际上是先前敌意的结果。对抗本身永远不会终结敌意，它只是在短暂的时间内平息了斗争。即使它带来了短暂的胜利，人们也会在反击中为下一次敌意的爆发做好准备，除非我们能够建立一种新的平等互信的关系。

国家之间、群体之间的关系如此，父母与子女、丈夫与妻子之间的关系亦如此。当今时代，很少有人愿意本着合作的精神来满足各自不同的利益。他们缺乏社会感、勇气和信心，这使他们错误地认为可以通过对抗或屈服找到解决方案。想要在不触犯对方的尊严和自尊的前提下解决争议，我们必须采取正确的态度。尽管人类已经共同生活了很长时间，但我们对共同生活的艺术仍然知之甚少。早在五六千年前，人类社会就出现了民主，但迄今为止，民主仍然是一个尚待实现的理想。从事心理学和精神病学研究的人可以通过分析和治疗个体，以及改善个体间的相互关系，来为促进民主关系做贡献。

## 人际关系的基础是互动

两人之间发生了什么、是怎样的关系，是他们初次见面后建立起来的某种平衡的表现。这种平衡以后会出现阶段性的调整，但很少会改变两人关系的基本结构，改变或调整的仅是相处的方式。任何影响这段关系的因素，无论是令人不安的还是令人愉快的，都不能只归因于一方。尽管某一方看起来非常主动，而另一方看起来非常被动，但事实上，双方都在不知不觉间互动着。折磨人的一方不会比长期被折磨的那一方更可恶，因为是被折磨的一方允许这种折磨存在，并且一再发生。如果没有一味地顺从，婚姻中的暴虐和专横就无法继续，只有勇气和自尊能阻止它们。

不幸的是，很少有人清楚这一点，身处其中的人也很少能认识到自己的顺从如何纵容了这种折磨行为，如何对彼此产生了负面的影响。当家庭圈子扩大到更多人——孩子或亲戚时，这种人际关系和相互刺激会导致更加复杂的局面。其实，整个家庭一直存在着某种平衡，这种平衡由所有家庭成员在无意识的默契下共同维持着。如果他们中某个人的地位、习惯、态度或性格彻底地发生了改变，就会对家庭中的每个成员都产生深远的影响，尤其是对与他建立了某种竞争关系的人影响最大，这种竞争关系其实也是一种平衡。一般来说，盟友关系的家庭成员保持着一种更加稳固的平衡。竞争者和对手之间的平衡则是非常微妙的，它会不断地受到挑战，又不断恢复，然后又继续维持。在这种平衡中，每一方都会因对方轻微的变化而做出强烈的反应，因此他们的相处方式和情绪会不断变化。善意或是愤怒可以让任何一方走向完全不同的两个极端：完全接纳对方或是公开抵制对方。

很遗憾，这种混乱的互动关系恰恰是现代家庭生活的一个显著特征。在这样的家庭生活中，相互竞争成为丈夫和妻子、父母和子女、兄弟姐妹之间典型的人际关系。因此，每一个妨碍家庭和谐的问题或冲突，都不能简单地从"逻辑"角度评判谁对谁错。我们必须从问题涉及的每个人的心理层面来认识这些矛盾。冲突不论是微不足道的，还是重要的、灾难性的，本质上并没有区别，我们必须把产生冲突的逻辑原因和它的心理含义区分开来。而且，在考虑解决问题的方法时，不仅要考虑当事人的心理诉求，还要考虑到人类行为的一般规则。

## 逻辑价值与心理含义

下面这个简单的案例在任何家庭都有可能发生：

丈夫在办公室经历了一些不愉快的事情后，疲惫不堪地下班回家。妻子一整天都待在家里，期待丈夫晚上回来后，和她一起去拜访朋友。但丈夫太累了，拒绝了妻子的提议。妻子不满地说："我就知道每次我想出门的时候，你都很累。但是这一次，我一定要让你陪我一起去。"于是争吵开始了。妻子这时可能会哭泣或是生闷气，丈夫可能会屈服，然后穿戴整齐，和她一起去朋友家。但不管他们是出去，还是待在家里，问题都没有真正解决。如果丈夫屈服，他会觉得憋屈，而且在如此生气的情况下根本不可能享受聚会带来的乐趣。而另一方面，如果丈夫坚持自己的主张，他们则可能会吵上一整晚，从而度过一个不眠之夜。第二天早上醒来，他们可能又要开始另一场战斗。

从这件小事中，我们可以看到典型冲突的所有要素。显然，这对夫妻的合作受到了干扰，但把原因只归咎于丈夫或妻子，或者他们的兴趣相互冲突都是不对的。如果夫妻关系和睦，两人就不会产生对方不理解自己、不体谅自己这样的感觉。从逻辑上讲，夫妻二人的要求都是合理的，不用区分谁对谁错。如果他们彼此关爱，他们就可以根据各自需求的重要程度，轻松地达成一致。如果拜访朋友是十分重要的事情，丈夫也许愿意克服疲倦，甚至还可以享受聚会带来的乐趣。如果妻子可以体谅丈夫的疲惫和沮丧，她可能更愿意在家安慰他，而不是去和朋友聚会。如果朋友聚会确实很重要，而丈夫也异常疲惫，那么就很难做出决定，但争吵只会增加双方的压力。只有双方都愿意站在对方的角度看问题，而不是只考虑为自己，他们才有可能达成一致。

然而，这个问题可能还有更深层的心理含义——丈夫不愿意参加社交活动，而妻子也无法让自己白天的生活变得愉快且有价值。或许，她是一个要求很高的人，不满足于丈夫只是挣钱养家，还希望他把工作以外的时间和精力都用在她身上。这样，上面的这个场景只是导致双方积怨更深的一个诱因。

每当发生冲突时，双方会做出的第一个（尽管是无意识的）决定可能是以此事为机进行斗争，也可能是要尝试认真地解决问题。如果决定是倾向于争吵，那么在他们中的某一方制止这种倾向之前，是找不到任何解决办法的。因此，这对婚姻幸福来说是最大的障碍：人们普遍认为，通过斗争可以获得想要的东西。因此，双方会互相指责、责骂，且情绪激动，并准备好迎接下一场战斗。相比找到解决问题的方法，他们对谁"正确"更感兴趣。

这场战斗的输赢对解决问题无济于事。真正有帮助的是社会感，即归属感，这种感觉使每一次冲突都变成需要两人共同面对的问题，而不是他们各自想要什么。社会感创造了"我们"，他和她都只是其中的一部分。利益冲突变成了双方共同努力维持和睦的机会，还帮助他们找到双方可以共同享受的状态——在上面的场景中，要么留在家里，要么一起出去——从而促进夫妻和谐统一。对彼此的信心会激发相互信任、相互帮助的意愿。如果丈夫把自己的诉求放手交给妻子定夺，她会更愿意考虑丈夫的意愿，而不是她自己的意愿。这点对孩子们来说尤其如此，如果我们不是命令而是征求意见式地问孩子们应该做什么，他们会改变之前倔强的态度。不仅孩子如此，成年人也如此。

## 否决比要求更有力

许多人认为暴力强迫有用。如果他们无法像对待孩子那样，用暴力去强迫别人，那么他们就会在道德或精神上进行强迫。在这里，我们必须认识到，与非暴力不抵抗相比，暴力强迫具有侵略性，意味着对他人的不尊重，而非暴力不抵抗很少是强加于人的，它只是在维护自己的尊严。古罗马人要求两位执政官必须在双方达成一致的情况下才能采取行动，这体现了古罗马人对合作规则的完美理解。一方的否决，总是比另一方的强迫更有力。只要另一个人反对，那他的要求就无法实现，这也应该成为家庭生活的一条规则。在上述案例中，妻子想要出门，而丈夫更喜欢待在家里。丈夫的否决权应该比妻子的要求更有力。也就是说，让丈夫做他不喜欢的事情，比让妻子不做她喜欢的事情更困难。当然，除非妻子能够赢得丈夫的支持。

不幸的是，古罗马人的否决规则很少被后人运用，因为大多数人很难区分强迫和非暴力不抵抗。如果他们得不到自己想要的，就会觉得受到了虐待和胁迫。（这是娇生惯养的孩子的典型态度。成年人也普遍持有这种态度，这表明他们并没有真正长大。）在双方兴趣发生冲突的情况下，最好的解决方法是让双方各自做自己喜欢的事。既不把自己的好恶强加于对方，也不允许对方强加给自己。我们通常意识不到两者的区别，并很少运用这一规则。其背后的原因就是缺乏尊重，这在最亲密的人之间尤为常见。毋庸置疑，他们之间有爱和忠诚，但就是不懂得相互尊重。

## 互不尊重的根源

人们通常很难对家庭其他成员给予应有的尊重，其中的原因有很多，但不管什么原因都可以追溯到个人的恐惧感和自卑感。我们都倾向于挑剔家人的缺点，因为我们认为自己和家人是一体的。家人的缺点会直接影响我们自身的价值和地位。我们因他们的过错而感到羞愧，就好像这些过错是我们自己的。如果我们对自己、对自己的价值和地位更有信心，我们就会更容易接纳自己及家人的缺点，因为我们不认为这些缺点会影响我们的价值和地位。一个自信的人能够正确地看待自己的错误、局限和缺点，而不会将它们夸大为自己实现社会价值的障碍。因此，尊重家庭成员与尊重自己是密切相关的。害怕丢脸和害怕受到羞辱的人，会对家人的缺点过分敏感。此外，如果一个人觉得对这些缺点无能为力，他就会怨恨它们，要么因此变得消极，产生闷闷不乐的情绪；要么公开地使用暴力，甚至采取攻击性行为。这两种方式都会导致对他人的尊严和价值的不尊重。

许多家庭缺乏尊重的另一个原因是无论在外面，还是在家里，我们都处于竞争的状态中。我们前面已经说明为什么如今的夫妻常常将彼此视为竞争对手。很明显，孩子们也在相互竞争，他们互相争夺父母的爱和关注。每个人都将对方视为对自己的威胁，进而树立起强烈的竞争意识，并在竞争中努力战胜对方，而这会给家庭带来不安和摩擦。父母和子女之间也存在竞争，两代人会因声誉和威望进行家庭斗争。在这个缺乏安全感、很少有人欣赏自己的社会里，父母自然想要利用自己的优势来影响最容易听话的孩子。许多父母并没有意识到自己的敌意和斗争行为，因为它们常常被伪装成热烈的爱和强烈的感情。相比尊重和自尊，羞辱和崇拜会扭曲父母和子女之间的关系。如果我们像对待社交场合中的熟人那样对待伴侣、孩子和父母，我们的家庭就会更和谐。我们都受过良好的教育，能够礼貌地、相互尊重地对待社交场合中的人，难道就不能把这些知识和技能运用到自己的家庭中吗？

## 亲密关系会妨碍友好

仅仅依靠家庭关系这一纽带并不能保证家人之间的友

好。展示爱意和魅力，无论在婚前还是婚后，都是十分必要的。这句谚语"赶上电车之后再奔跑就是徒劳的"本身就不对。越是亲近的人，越需要更多的体谅和理解，这样才能维持友好和感情。我们与不常见面的人相处要容易得多，因为距离能够促进和谐。在婚姻中，我们必须接纳对方、喜欢对方，即使对方邋里邋遢、蓬头垢面。但是，为什么我们要把更多的精力用在完全陌生的人或普通朋友身上，而不是用在我们最在乎的人身上呢？父母在对待孩子时也犯了同样的错误，仅仅因为他们生养了孩子，就理所当然地期待得到孩子的爱。其实父母需要不断努力，才能赢得孩子的爱和尊重。很多时候，家庭的友好氛围可以体现在方方面面。比如，父亲、母亲和孩子相互对话时的语气，可以揭示家里是友好的、相互尊重的，还是存在摩擦、羞辱和强迫的。我们必须保持敏感，去捕捉干扰家庭合作关系的迹象。不幸的是，当我们跟别人说话时，我们注意不到自己的声音是什么样的。如果有一项发明能使我们做到这一点，那它肯定值得获诺贝尔和平奖。

## 恐吓代替了坚定

友善并不排斥坚定。相反，一个人只有对自己有信心，对自己给别人的印象有信心，对自己能获得成功有信心，才能真正变得友善。坚定需要自信。坚定并不意味着要强迫别人。我们越不坚定、不自信，就越倾向于恐吓和强迫。这种相互胁迫的情形在家庭生活中十分常见。当然，我们不是故意把恐惧意识灌输给别人，而是自己就处于恐惧之中。就像两个人深夜在漆黑的街道上不期而遇，他们都害怕对方会打劫自己，却想不到对方也在因恐惧而瑟瑟发抖。许多夫妻都生活在恐惧中，害怕被忽视、不被欣赏、被支配或虐待，害怕遇到挫折或遭受羞辱。他们会私下向第三个人承认自己的恐惧，却很难相信婚姻中的另一方也处于恐惧中。没有人能意识到对方的恐惧，尤其是当对方占优势时。我们大都倾向于怀疑别人比自己优越，或者至少在试图比自己优越。我们认为是对方发起"战争"并"使用了武器"，却从不认为这是由我们自己引起的。我们认为自己是无辜的，并且充满善意，而不承认对方只是在自卫。

## 逻辑被用作武器

所有夫妻间的争吵，从根本上讲都具有相同的逻辑。在旁观者听来，夫妻俩的吵架会是这样一种情况：公说公有理，婆说婆有理。是的，两个人都是对的，或者至少两个人都认为自己是对的，否则他们就不会吵架了。而每个人的逻辑，只会变成每个"参战者"手中的武器。但从根本上说，争吵从来不是对与错的问题，而是取悦还是对抗、同意还是反对的问题。一般来说，争论的焦点并不重要。只有当合作受到干扰，双方都想推卸责任的时候，才会出现是非对错的问题。人类非常聪明，善于为自己的行为找借口，他们诡计多端地做出微妙的挑衅，导致对方采取更激烈的行为，然后将对方的行为变成挑起斗争的正当理由。

## 要求而非赢取

取悦他人的方法很容易获得，却鲜少被使用。如果真心想要取悦他人，我们完全能够做到。尽管有些人由于过去很受伤，不愿意再尝试，但事实上，他们还是极度渴望被人喜欢的。我们拥有数百种表达情感、吸引对方的方法。然而，在家庭生活中，我们却处处强调法律赋予我们的权利，总是想先获得而不是先给予，否则就会觉得自己受到了不公平待遇。如果我们没有得到想要的，或者没得到自以为应得的，我们就会惩罚对方，尽管这样做反而会降低对方给予的意愿。

## 推卸责任

既然我们看不清自己,也不承认自己的真实意图,并且感受不到自己说话时的态度,意识不到自己的挑衅行为,那么,我们又怎么能确定自己是违反了还是遵守了合作的基本规则呢?只有看到自己行为的后果时,我们才能正确地进行评估,然后确定我们是在制造更多的摩擦和紧张,还是在增进彼此的理解和合作。

然而,这一过程需要我们摒弃一个观点,即把家庭不和的所有责任都推到自己以外的其他人身上或事物上。另外,自责也是无济于事的,责备、找借口、抱怨都意味着气馁和怨恨。每当这种倾向出现在自己身上时,我们就可以确定自己将会违反合作规则。我们的情绪是很好的向导,它并非像许多人愚蠢地认为的那样,只是对外部刺激的"自然反应",其实它可以反映我们的意图。严肃负责地对待自己的情绪,会让我们很难轻易地找到借口,却能让我们掌控局面。当我们意识到敌对情绪是挑起战争的武器时,我们就可能换一种视角来看待家庭成员和家中的事务,从而产生更善意、更勇敢的新情绪。如果有了正确的认识,我们就会发现所谓的"没有了感情"将不再是夫妻双方推卸责任的借口,实际上他们应该勇敢地承担责任。

爱情走到尽头的原因有很多。一位女士抱怨说，她不再爱也不会接纳她的丈夫了，因为他完全没有缺点。"你无法想象和一个完美的男人在一起生活有多可怕。我真的再也无法忍受了。哪怕他做错一件事，哪怕他对我生一次气也好！但是没有，我做什么都可以，我什么都不做也可以。他从不发脾气。你能和一个天使一起生活吗？"尽管这听起来令人难以置信，但人们经常能听到这样的抱怨。这只能说明：如果想找出理由挑剔对方，总能找到。"没有缺点"与"缺点太多"都能让人达到这一目的。

那么问题来了，个人的缺点是不是婚姻存在摩擦的真正原因？我们真的会因为某人的缺点而拒绝他吗？我不这么认为。只要我们愿意接纳他并爱他，他的缺点就无关紧要；而当我们拒绝接纳他时，他的缺点只是为我们产生敌意提供了充分的理由。在一起一段时间后，我们会发现对方以前被我们忽略了的那些缺点。我们为什么会互相排斥，给自己和他人带来无尽的痛苦呢？过多地以自我的感受为中心会妨碍婚姻幸福和彼此的合作。我们只要感觉自己是被认可、被欣赏、被崇拜和被宠爱的，那就一切都好。一旦我们感到不公平和自卑，最亲密的朋友也会变成我们的敌人。

一般来说，这种自卑感是毫无根据的，但有这种感觉的人会想方设法地去寻求补偿，即寻求一种优越感。在别人看来，受虐的人似乎处于一种明显的自卑和屈辱状态，但将他置于这种境地的人，会发现这是其表现自身道德优越感的机会。遭受身心折磨，会增强他精神上的"胜利感"，而受虐者和施虐者可以在这样的权利分配下和睦相处。其中一个享受外在的支配地位，另一个则享受自己的道德优越感。但是，如果施虐者试图表现得高尚和体贴，受虐者反而可能会立即反抗并排斥对方，因为对方的体贴会破坏彼此间的平衡，并将他从道德的制高点上拉下来。当然，这种情况是极端的，但我们必须记住，相互接纳意味着双方已经就某种平衡达成一致，这种平衡允许双方以自己的方式补偿自身的不足。摩擦绝不仅仅是由外部干扰引起的。经济压力、社会压力或不幸通常会使夫妻关系更紧密。如果夫妻之间的平衡因这些困难而被打破，摩擦就会产生。大多数情况下，这些困难并不是婚姻出现问题的原因，只是对双方合作能力的考验，是把隐藏的冲突和怨恨暴露出来，揭露出双方的归属感不足，不愿同舟共济。他们只会找机会，互相指责，推卸责任。

## 我们决定自己的回应

当我们因自身的缺点而吃苦头时，我们往往会转而挑剔别人。这会让我们更关注别人的缺点。通常，我们与生俱来的社会兴趣，会让我们发现并欣赏同伴身上的优点。每个人都有优点，正如每个人都有缺点一样。我们是关注一个人的缺点还是优点，表明了我们对他的态度。一个人的态度影响着他对别人和对整个人生的看法。人性是复杂多变的，人生也是丰富多彩的，我们会依照自己的想法和态度对它们的好坏做出判断。一个人究竟经历的快乐更多还是痛苦更多，都不能决定他的看法，我们如何看待人生的顺境与逆境，如何看待他人的长处和短处，都只是我们态度的反映。

是憎恨还是接纳对方，均取决于我们自己。下面的例子可以说明这一点：

一个患者拥有一段非常奇特的婚姻经历。尽管他和妻子都很年轻，但两人却多年没有发生性关系。他说，妻子无法激起他的兴趣，他也不喜欢她的外表。他从不隐瞒自己有情妇，并吹嘘她们有多好、多迷人。那么，这两人之间为什么会形成这种平衡呢？这个男性患者是在与姐姐的竞争中长大的，他从小就想努力展示自己的"男性优势"。不幸的是，他渴望成为强者的欲望从未得到满足。他的父亲很强势，他试图模仿父亲，但与父亲相比，太多有力的证据证明了他自身的不足。因此，他形成了一种奇怪的性格：专横跋扈，让他人屈从于他的一时兴起，并避免表现出自卑感。当他找到一个深深爱他并甘愿为他而死的女孩时，他结婚了。他的妻子是一位出色的家庭主妇，为他提供了舒适的环境，把他当成"神"一样对待。

然而，几年后，他变得忧虑起来，不愿再过这样的生活。妻子给他施加了一定的压力，当然是为了让他感到舒适，为了他好，但这样反倒让他有了压力。他对妻子的关心很反感。妻子的道德优越感胁迫着他，增加了他对被支配的恐惧。于是，他决定离开妻子。妻子因此变得歇斯底里，跪在地上抱着他的双腿，恳求他把她当作奴仆使唤，只要能让她留在他的身边服侍他，他想怎么样都可以。他又感受到了男人的优越感，于是他留了下来。为了验证自己的权力到底有多大，他竟然无视妻子的劳动成果，穿着脏鞋进入房间，故意做出种种让人反感的事情。他的这些举动让妻子心碎，但她仍默默忍受着。他还跟其他女人鬼混，并把跟她们相处的经历告诉妻子。妻子渴望他的爱和亲热，但都被他拒绝了。

在治疗过程中，他认识到自己对优越感的错误认知，也明白了自己努力逃避外界压力的想法和行为是多么荒谬，这导致他出现了精神症状而不得不就医。有一天，他来到我的诊所，非常惊讶地告诉我，昨天晚上他与妻子意外地发生了性关系，连他自己都不明白这是怎么回事。多年来，他一直认为妻子没有魅力，厌恶妻子的身体。他怎么会突然在性方面被妻子吸引呢？是妻子改变了吗？当然不是。是他改变了，是他对妻子的态度改变了，对生活的整体态度也改变了。他开始以不同的眼光看待妻子，愿意再次做出承诺，不再害怕失去他在家庭中的优势地位。从这一刻起，正常的夫妻生活开始了。他断绝了与情人们的来往，不再需要那些女人的钦佩——不论她们多有魅力，也不再需要任何证据来证明他的男性优势了。

## 婚姻不是天堂

让两个人一直是朋友，在生活的各个方面都意见一致，并保持合作，这无疑是很难的。没有人会认为自己完全有能力面对纷繁复杂的问题。许多人将外界带给自己的不安和忧虑带回家，然后更加心神不宁、更加焦虑地回到外部世界。人们越是期望把婚姻当作避风港，就越会感到失望。将结婚视为解决一切问题的办法，这是一个严重的错误。婚姻是一项任务。对生活灰心丧气的人，尤其是女性，往往希望在婚姻中获得安全感，却经历了可怕的幻灭。过去，婚姻是帮助女性摆脱困境的好办法。没有丈夫，女人就没有价值和地位，一旦她结了婚，就有了依靠。当今社会的情况已然不同。劝说那些气馁的女孩结婚是一种错误的做法。任何在工作和承担社会责任方面信心不足的人，在婚姻这一密切的人际关系中都更容易遭受失败，因为婚姻要求双方要更密切地合作。这并不是说人们不应该结婚。如果逃离了性和爱，人们会更加失望。关键是，一个人如果因为焦虑和怯懦而结婚，他就会为此付出代价。无论是想逃离婚姻，还是想进入婚姻，懦弱的诅咒都会一直伴随着他。如果先前缺乏勇气和社会感，我们现在就必须刻意培养，以便为结婚做好准备；如果已经结婚了，那就要充分利用这段婚姻，以培养自己的勇气和社会感。

## 精神很重要

对于如何过上幸福的生活给出具体的建议似乎是徒劳的。许多书都会告诉我们该做什么，不该做什么。遗憾的是，无论这些建议有多好，通常都无济于事。一个具有足够社会兴趣且勇敢的人不需要建议，而充满恐惧和敌意的人即便得到再好的建议也不会听从。因此，我们在本章中主要强调基本的态度，而不是具体的技巧。没有任何技巧能够保证婚姻始终都是美好的，也没有任何规律能确保夫妻二人处理经济、社会压力和性问题时不会失败。重要的是精神，而不是技巧。只要双方有合作的意愿，就可以克服一切障碍；如果没有这个基本意愿，再小的障碍都难以跨越。无论夫妻之间发生什么事，归属感都会增强彼此面对内部或外部威胁的抵抗力。任何基于信仰和信念的人生观——无论来自宗教还是世俗——都会增强两人和谐合作的倾向和能力，并营造真诚、善良、宽容的家庭氛围。人们通常所认为的破坏美满婚姻的那些问题，只是为人们提供了发现自身错误态度的机会。

# Jealousy

## 第六章
# 嫉妒

嫉妒与当今社会针对性别角色的普遍观念密切相关，因此我们需要就这一主题进行阐释和厘清。人们赋予忠诚和占有的意义及内涵，常常会干扰夫妻间的伙伴关系，并使威胁到两人相互理解与和谐的问题变得更尖锐。嫉妒不仅会使男人和女人、男人和男人以及女人和女人之间产生竞争，还会加剧这种竞争。针对这个主题的研究为人们提供了很多机会，以探索婚姻中许多冲突的根源，并分析这些冲突背后不同的逻辑和心理动机，由此，我们可以将嫉妒这个主题作为分析具体问题的起点。

## 嫉妒是爱的标志吗

人们普遍认为，嫉妒和爱情密不可分，没有嫉妒的爱情似乎是不可能存在的。嫉妒经常被认为是衡量爱的程度和深度的标准，许多人只有在嫉妒产生时，才会意识到自己坠入了爱河。对他们来说，势不可当的爱情力量对人最大的影响莫过于嫉妒带给他们的痛苦。他们不会进一步思考，究竟需要多少愤怒、敌意和对抗才能发现爱。几乎没有人能够避免承受嫉妒带来的痛苦，但也几乎没有人能理解嫉妒的真正含义和本质。当我们被嫉妒所困时，我们就会失去判断力，即使在恢复了清晰而冷静的判断力之后，我们依然无法理解嫉妒的本质。

对抗情绪通常会阻碍我们察觉这些情绪背后的真实意图，因为这些意图与我们想赢得尊重、保持体面的想法相悖。因此，我们以生活中被普遍接受的价值观——爱、忠诚、贞洁和信任，来隐藏自己最恶毒的真实意图——伤害自己所爱的人。嫉妒者往往认为他们只是在表达这些普世的伦理道德，但他们忽略了最基本的以礼待人的交往准则。

我们要清楚地看到：即便我们不陷于爱情中，也会产生嫉妒。朋友之间、家庭成员之间以及两个没有性关系的人之间，都有可能产生嫉妒；对彼此稍有兴趣但不确定是否有进一步相处意愿的两个人，也可能会产生嫉妒。比如说，一个女孩吸引了许多追求者，如果其中一个追求者被其他女孩的魅力吸引，那这个女孩就可能会妒火中烧。再比如，妻子的不忠并不一定会让被"戴绿帽子"的男人心生嫉妒。许多男人反而会因为妻子受到其他男人的青睐而更爱她，因为这会唤起刺激的快感。嫉妒的心理学原因非常复杂，与一个人是否忠诚没有直接关系。

## 忠诚问题

是否忠诚是婚姻中的主要问题之一。尽管忠诚曾被认为是维系婚姻的绝对且明确的先决条件，但当今忠诚的含义比以往任何时候都更让人不解和困惑。在历史上，男性曾可以通过严酷的法律（妻妾制度）或残酷无情的行为（奴隶制度）完全占有女人的肉体。即便在那个时候，女人不忠的可能性极小，也依旧无法阻止男人心生强烈的嫉妒情绪。如今，无论是在身体上还是在精神上，我们都不可能完全占有一个人。伴侣的忠诚度没有任何保障。人们甚至提出这样一个问题：人类是否真的能够做到忠诚？人们尤其怀疑男性对一夫一妻制保持忠诚的可能性。科学家们指出了男女之间的生理差异，男性几乎可以连续生无数个孩子，而女性每年只能生一个或者两个——除非有例外情况，例如生了五胞胎。根据生理差异对男性和女性进行心理上的区分，这终究是无法令人信服的，这种做法通常被用来证明男性特权的合理性。

不能否认两性存在生理差异，但它对社会习俗的影响不大。一个男人尽管拥有可以生五十个孩子的生理能力，可这其实没什么意义。如果他能够克制自己对其他女人的四十九次欲望，就能将自己的调情和欲望留给那个合法的女人。要求女性有性开放权利的女权主义者也可以有理有据地指出，女性在生理上也有能力享受更多男性提供的性满足。我们必须记住，人类的生活方式不受自然力量（如生理需求或冲动）的支配，而是受社会习俗的支配。因此，一夫一妻制与人的内在生理结构无关。男人可以一夫一妻，也可以一夫多妻，而女人也是如此。一夫一妻制是伴随着文明的发展产生的。在人类进化的过程中，"个体"这个概念逐步形成，它区别于群体、氏族和家族。人类的进步，意味着"个体"概念的建立及其内驱力的延伸。一夫一妻制是个体之间最强的结合。基督教首次在人类历史上提出人类平等的观念，并以宗教教义这种最有力的方式明确规定，一夫一妻制是最理想的男女关系，即便当时的社会条件和婚姻观念赋予了男性一夫多妻的至高无上的特权。

在过去的几百年里，人们对永恒的、坚不可摧的爱与忠诚的理想一直得以延续并不断被强化，尽管直到现在，我们仍远未实现这一理想。一夫一妻制不仅是社会习俗和道德规范的要求，而且体现了人类对彻底的、持久的结合的深切渴望，这一渴望将一夫一妻制升华为人类最美好的梦想。尽管法律要求和约束人们践行一夫一妻制，但从真正意义上讲，它只是一个梦想，而非现实。

## 不忠的原因

因为人们对忠诚的本质并无清晰的了解，所以忠贞问题才令人感到困惑。从生物学的角度看，忠诚是指身体上的贞洁，可如果在当今的社会条件下继续推行基督教的一夫一妻制理想的话，人们对忠诚的态度就必须发生复杂而独特的改变。至于什么样的行为可以算作出轨，人们仍存在争议。有些人认为，热情地握手或深情注视彼此的双眼，都是不得体的行为；而另一些人甚至可以接受亲吻或充满热情的拥抱。如果我们只将梦想和个人想法作为衡量的标准，那我们的理想基本上都会破灭。基督教教义找到了一种可以把贞洁理想与人在心理上无法做到贞洁的事实结合起来的方法。精神上的愿望与肉体上的软弱，其实只是我们内在冲突的体现。但这是否意味着我们必须克制人的本性，才能做到忠诚？有人是这么认为的。他们认为，追求无限满足的性冲动与保持贞洁的社会责任之间，有着不可调和的矛盾。实际上，正如我们已经证明的那样，对不同的性爱体验的渴望和对一个人的挚爱，都与这个人融入社会的愿望密切相关。那些阻止我们完全投入、沉溺于一份情感，并让我们对不同的性爱体验产生渴望的敌意、恐惧和反对并非源于性冲动，而是敌意和对抗利用了人的性冲动来达到反社会的目的。"软弱的肉体"

恰恰是社会兴趣受到阻碍的体现。即使是现在，社会兴趣的不足仍使得人类难以实现密切的人际合作，难以产生紧密合作的勇气和相应的归属感。危及人际关系的心理因素，妨碍了无条件的合作和毫无保留的相互接纳。这些因素使真正的一夫一妻制成为例外，并阻碍人们对性和个人利益的永久且排他的追求。

我们之所以容易受到诱惑的干扰，主要源于婚姻中经常发生的失望、争吵和对抗。人们对不同的性爱体验的渴望并非出于偶然，而是与某些婚姻冲突直接相关。当一个男人在爱情中受挫，甚至想要退出婚姻、惩罚伴侣，或展示他的性特权时，他就会产生寻找其他异性的倾向。而在婚姻中获得彻底满足的人，并不会关注其他人。可是，因为我们爱的能力会受到婚姻中的沮丧和痛苦的限制，所以几乎每个人都会在人生的某些阶段渴望寻求其他异性。尤其随着年龄的增长，我们想要证明自己拥有征服他人的能力，渴望满足自己的好胜心，这往往会导致我们向往其他的情感体验。通过合法的途径来表达这种渴望的方式就是离婚，离婚给人们提供了在不公然违反一夫一妻制原则的前提下，获得不同性爱体验的机会。

## 男女之间存在"友谊"吗

男女之间是否存在友谊？这个话题似乎讨论的是"柏拉图式"的友谊。这一话题如此频繁地被提起，说明了人们对此普遍持怀疑态度。当然，这种友谊会面临一些天然的障碍。如果一个男人和一个女人彼此关心，有很多共同的兴趣，相互感觉亲密和友好，那么性就会自然而然地进入。当这种情况发生时，我们不再说这是友谊，而是将它看作爱情。

把爱情和友情区分开似乎有些奇怪，好像它们是相互矛盾的，又好像真挚的爱情中不该夹杂友情。然而，我们在这里讨论的两性之间的友谊，通常指的是"柏拉图式"的友谊，两者之间没有明显的性吸引。弗洛伊德的精神分析学派认为，任何形式的关心和爱护，即使是在两个同性之间，也是基于所谓的潜在性欲。这一理论受到了普遍的质疑，显然，它没有给人类的友谊留下任何空间，也没有解释单纯的人际关系和性关系之间的差异。

男女之间保持着亲密的关系，而对彼此完全没有性兴趣，这种可能性有多大？要回答这个问题，我们需要认识到我们是自己情绪的主人，可以根据自己的意愿产生或压抑任何一种情绪。实际上，我们可以与同性或异性建立起任何类型的人际关系。我们既可以产生性反应，也可以抑制自己的性反应。例如，当一个男人和一个女人各自都有恋爱对象时，他们之间就可以发展出纯粹的友谊。这似乎是保持"柏拉图式"友谊的最有利的条件。不过，只要两个异性都决定不将对方视为可能的性欲对象，那么他们之间就可以发展出不掺杂性欲的纯友谊。

但是，这一事实却不能阻止丈夫或妻子嫉妒他/她的伴侣和另一个异性保持纯粹的友谊。他们担心伴侣可能会不忠，但这只是一个现成的借口，因为我们知道，嫉妒并不只局限在性的范围内，其他家庭成员、伴侣的兴趣爱好，甚至工作都可能引发嫉妒。因此，夫妻一方的纯粹友谊并不一定会破坏或危及婚姻的和谐。只要丈夫和妻子彼此信任，就可以继续保持各自的友谊，前提是他们都没有把另一方看作是自己能完全占有的私有财产。

## 调情的解决方法

如何维护对彼此的忠诚，是婚姻中最难解决的问题之一。不幸的是，我们不仅对伴侣，甚至对自己都缺乏足够的信心。实际上，只要双方有信心一起坦诚面对问题，那就没有什么能扰乱他们的婚姻关系。无论问题多难解决——不忠肯定不是一个容易解决的问题——只要夫妻双方都有信心、勇气和解决问题的意愿，那问题就能迎刃而解。两个人越是并肩作战，要解决的问题难度越大，彼此的关系就会越密切。在困境中，他们会更加需要彼此，靠近彼此。问题解决以后，在相互帮助和理解中建立起来的感情可以加深他们的归属感，这对夫妻来说至关重要。

许多人认为，当伴侣出现跟别人调情的苗头时，嫉妒是一种理所当然的反应。他们认为只要假装看不见，并保持无动于衷，就可以风平浪静，但这样并不能解决问题。他们忘记了一点，嫉妒解决不了任何问题，不但无法找回迷途的伴侣，还会拉大彼此的距离，危及夫妻间的和谐，猜忌和恐惧不可避免地会导致夫妻间公开的敌意，这会让伴侣更积极地去寻找婚外情。

那么，我们是否应该忽视可能失去伴侣的危险，或者允许对方不忠？没有人会给出这样的建议。但是，嫉妒并不能避免任何可能的危险。举例来说，如果一个女人总是担心身体健康的丈夫有一天会死去，并设想每一种小病都可能会引起并发症，我们就很容易认识到这个女人的想法是非常愚蠢的。很明显，她的恐惧表明她的不安另有其因，而不是真心担忧在遥远的将来可能会失去丈夫。嫉妒也是如此，一个人害怕失去伴侣，这本身不会引起嫉妒，哪怕真的失去了也不会。如果一个丈夫因为妻子离开他去找另一个男人而痛苦不堪，而且坚持认为，没有妻子他就活不下去，其实他这是在为自己的情绪找借口。如果有人问他，倘若妻子死了他会怎么样，我们立即就能明白他这种"没有妻子就活不下去"的说法是多么荒谬。这时，他可能会发现自己的爱是一种畸形的爱，实际上他宁愿妻子死了，也不愿她对自己不忠。

婚姻中，不忠通常是一个令人烦恼和恐惧的问题。丈夫瞟向其他女人的每一眼，似乎都预示着潜在的危险。轻微的不忠倾向就像普通感冒那样，并没有造成太大的危害。尽管感冒也可能会引发致命的肺炎，但通常情况下概率极小。一个人刚打了个喷嚏，就让他上床休息，这就像他发高烧了还让他在雨中行走一样愚蠢。对待小感冒需要适当的照顾，忽视或过度焦虑都是愚蠢的做法。同样，轻微的不忠倾向就像是"小病"，忽视或过分关注都会使这个"小病"恶化。聪明又善解人意的伴侣会找到许多巧妙的方法，挽回走上迷途的伴侣，而不是压抑他想要的自由和独立。嫉妒在此时既无益处，也无必要。

如果害怕失去伴侣和担心伴侣不忠不一定会引起嫉妒，那么产生嫉妒的原因是什么呢？想要理解任何一种人类情感，我们都必须了解它的实际结果和真正的目的。嫉妒永远不能对失去伴侣或伴侣的不忠行为起到预防作用。仅是这一事实就足以证明，在心理上，嫉妒与失去伴侣或伴侣不忠不相关。那么，嫉妒到底能起到什么作用呢？

## 嫉妒的目的

我们的情绪会很强烈、很有说服力地让我们认为：自己是对的，别人是错的。因此，我们很难接受对自己嫉妒的心理学解释。嫉妒有不同的含义，到底采用哪一种含义则取决于使用嫉妒的目的。在人际交往中需要应对令人不适的行为时，才会产生令人不安的情绪。这样的行为通常有以下四个目的：

——为缺点找借口；
——引起关注；
——获得权利；
——寻求报复。

## 为缺点找借口

怀疑自己是嫉妒产生的一个必不可少的因素。只要我们不怀疑自己的能力、影响力和吸引力，我们就永远不会生出嫉妒之情。对一个确信自己能够战胜危险的勇敢的人来说，即使再艰难的处境也不会让他产生自我怀疑和恐惧。当我们怀疑自己给予伴侣的不够多时，我们就容易嫉妒。我们担心别人能给予伴侣更多，因此会变得嫉妒，从而引发双方的争吵和失望，而争吵和失望反过来又让我们更加不确定自己在对方生活中的分量，这种不断增加的自我怀疑会让我们的嫉妒之心越来越强。在这个恶性循环中，嫉妒成为联结整个循环的纽带，促使我们采取敌对或攻击性行为。只要认真思考，我们就能意识到必须弥补自己的缺点，但缺乏勇气又使得我们不愿意承认自己有缺点。我们担心自己无法做得更好，因此就用嫉妒来补偿。可矛盾的是，我们明明知道自己不够好，而嫉妒只会妨碍我们朝着好的方向前进。

觉得自己不够好可以指一个人缺乏整体价值感，也可以指一个人对丈夫或妻子的不满足，或是一个人对自己性别的社会地位的不满足。那些从小就对自我价值缺乏信心的人，会始终受到个人价值问题的困扰。为了掩饰缺乏自信这一事实，人们常常想出许多奇怪的方法。对于某些人来说，缺乏信心可能表现为对完美的渴望，无论拥有多少优点、才华，得到多少赞赏，都不能阻止他们觉得自己不够好。他们追求安全感，但又从来没有得到过安全感。既然除了死亡，没有什么事情是确定的，那么追求安全感就变成了一种无稽之谈。不安全的感觉成了一种折磨，为此他们想要得到各种补偿。而嫉妒行为可以让有违常识的不恰当要求变得正当化。

那些寻求安全感的人需要通过伴侣证明自己是安全的，不管他得到多少，都会感到嫉妒。

当我们意识到自己的缺点使得我们不能很好地履行婚姻义务时，我们就会产生短暂的嫉妒。指责他人，往往是为了避免自己被指责。这种心理机制会产生特殊的结果。很多时候，一旦一个人做了违背忠诚的事，嫉妒就会随之而来。下面的故事并非个案。

一个少妇对她的婚姻非常不满意。她对丈夫毫不关心，看不上他的品性和行为。因此，她决定离婚。然而，在彻底分手之前，她决定去度个假，看看暂时的分离会对他们产生怎样的影响。她玩得很开心，感到无忧无虑，非常放松，还和一个她并无多大兴趣的年轻人发生了关系。当她回家时，如她所料，她的丈夫没有来火车站接她。她为此而伤心，第一次生出嫉妒之情。她想象丈夫此时正和其他女人在一起，完全忽视了她。但这种新的感觉并没有改变她对丈夫的态度，他们很快开始办理离婚手续。而这种奇怪的嫉妒感让她感到困惑，一时间，她怀疑自己是不是在不知不觉中还爱着他，但事实并非如此，于是她继续办理离婚手续。实际上，这是这个女人第一次开始怀疑在这一婚姻关系中，自己的行为是否得当？是否履行了作为妻子和女人的义务？如果没有这种怀疑，她就不会期望自己的丈夫——那个以前从不体贴，现在几乎要分开的人——会来火车站接她；如果不是因为嫉妒，她就不会在婚姻失败后还允许自己对丈夫有所要求。

还有一个常见因素会引起嫉妒，那就是与同性之间的竞争。我们与异性的关系在很大程度上受到自己对同性态度的影响。一个女人的生活一旦以男人为中心，她就会把其他女人都看成是死敌，进而会认为丈夫是可怜的傻瓜，上了那些诡计多端的女人的当。男性之间的竞争更多是与生意和工作有关，与女性的竞争微乎其微。那些认为自己不是"真正的男人"的男性往往会心生嫉妒，因此，他们对妻子给予其他男人的好感格外敏感。"第三者"似乎更能吸引丈夫更多的关注。他因嫉妒情绪而产生的敌对行为不是针对妻子，而是针对妻子不忠的对象——那个实际上或潜在的优秀的竞争对手。

嫉妒是一个人沮丧的表现。无论是在与伴侣的竞争中，还是在与同性的竞争中，嫉妒都是加剧争斗、实施攻击性行为和无礼行为的借口，是一个正派的、心中有爱的人永远不允许自己做出的行为。这些行为的始作俑者会将责任推给受伤害的一方。

## 引起关注和获得权利

不足感和自卑感刺激人们寻求补偿,最简单、最便捷的方法就是尝试引起关注。那些不确定自己是否得到了伴侣充分的爱和欣赏的人,会不断要求对方表达对自己的爱意。嫉妒能很好地为这个目的服务。伴侣花在家庭以外的时间和精力都是值得怀疑的危险信号——他给予别人的关注侵犯了自己作为伴侣所拥有的权利。这种对关注的持续需求通常会导致专横,特别是当这种无限索取关注的需求起初没有得到满足时,被忽视的感觉会导致更多变本加厉的要求。嫉妒的人以爱和付出为借口,会监视伴侣的一举一动。如果被监视的伴侣没有严格遵守这些强加的规则,那双方一定会产生冲突。如果另一方不愿意承受突如其来的痛苦、折磨和暴力的话,那么他/她最好小心谨慎地服从嫉妒的伴侣提出的每一个要求。当然,后者(嫉妒的伴侣)是完全"无辜的",他/她之所以这样做,完全是因为他/她对对方一片真心。最重要的是,嫉妒者正承受着切实的痛苦,这可以为其所有的不当行为"开脱"。

O夫人是家中独女,其他都是男孩。她一直是家人关注的焦点,并且始终处于这样的地位。结婚后,她饱受嫉妒之苦,她觉得这是不公平的。她一遍又一遍地质问丈夫跟前女友们的过往，尽管事实上——或许是为了平息她的妒火——丈夫每次都向她保证，她的魅力远超那些前女友，而且他对她的爱胜过所有人，可她仍然怀疑自己是否能与那些女人媲美。她毫不掩饰自己的嫉妒，经常对丈夫喋喋不休。由于嫉妒，她监控丈夫的一举一动。每当她感到被忽视时，她就会打电话到丈夫的办公室，试图搞清楚丈夫是否和其他女人在一起。由于嫉妒，她不允许丈夫留下她孤身一人，她无视丈夫的诸多工作责任和社会义务，因为这些工作和义务会使丈夫离开她。有一次，她没能成功地把丈夫留在家里，于是她就把嫉妒当作武器，立即和另一个男人约会，目的是让丈夫也尝尝嫉妒的滋味。她无法摆脱嫉妒心理的折磨，也控制不住内心熊熊燃烧的妒火。

## 寻求报复

如果这种伴随着专横和怨恨的激烈竞争，无法保证一个人在家中的地位和权力（事实上它永远不能，因为它只会加剧对方的反对和抗拒），那么，双方就会变成公开的敌对关系。嫉妒会被当作一种可怕的复仇武器。嫉妒的人巧妙地发现了"心爱"的敌人的软肋，进而在愤怒这把保护伞下，朝着对方的软肋进行最无耻的指责，用最尖刻的话语打击对方的尊严，最后只剩下深深的绝望。

## 引起伴侣的嫉妒

我们往往会在没有意识到的情况下引起伴侣的嫉妒。如果一方没有承担起作为伴侣的责任，就可能会让对方产生深深的不安全感和不满足感。有时，我们会主动激起伴侣的嫉妒，来获得或重新获得对方的关注。我们有时还会为了找到争吵的借口，或者其他自己都意识不到的目的而激起对方的嫉妒。

有一次，我的一个学生因为妻子的嫉妒而向我大吐苦水。在过去的几个月里，他和妻子每天都吵架。妻子指责他把时间花在其他女人身上，或者太关注他的家人而忽略了她。经过对这一情况，尤其是对这些争吵的起因进行简单分析后，我们发现了一个惊人的事实：就在他面临一场艰难而具有决定性意义的考试时，他的妻子开始嫉妒，这只是巧合吗？当然不是。他自己都没有意识到从那时起，他对妻子的态度发生了变化，这让她不禁多疑起来。他以前是一个体贴、细心的丈夫，现在却常常忽略妻子。他总是晚于约定的时间回家，对妻子的事情漠不关心，而且变得过于敏感、咄咄逼人。难怪妻子怀疑他有了别的女人。而他对自己遇到的烦恼只字不提，非但没有采取行动打消妻子的疑虑，反而通过争吵、斥责使她愈发疑心。

人们可能会将这种情况简单地解释为夫妻之间的误会，但事实远非如此。他反复抱怨妻子的嫉妒使他无法集中精力学习，还非常直白地责怪妻子太容易嫉妒。这样的争吵让他对自己预知的坏成绩有了借口，同时也抚慰了他的虚荣心。如果一个人不熟悉人类内心的诡计，他就会认为丈夫不是故意激起妻子的嫉妒。这种解释或许听起来不可思议，但后续的事实证明它是正确的。通过我的分析和解释，丈夫意识到是自己无意识地挑起了争吵和纠纷，并以此作为考试成绩不理想的借口。不久后，他家里的情况就发生了改变。当他知道自己的实际目的后，他不再像以前那样了。虽然他没有采取任何具体的行动，但他的妻子不再嫉妒了。在他克服考试的恐惧并不再找借口后，夫妻关系的改善让他自己都感到喜出望外。

## 理解和帮助嫉妒的伴侣

了解嫉妒者的心理是很有必要的，否则，我们就无法弄清嫉妒产生的真正原因。但是，如果要避免更严重的后果，我们就必须非常谨慎地应用这些心理知识。让我们稍稍回顾一下前面几段的内容。对于嫉妒的人来说，这些知识对他几乎没有任何用处，因为当一个人屈服于情绪时，他就无法清晰地认识自己。任何人都不难发现嫉妒者行为背后的心理因素。但是，嫉妒对他来说究竟有怎样的用处呢？这是运用心理知识的关键点。我们必须认识到，人的心理就像其他人类机能一样，可以用于好的目的，也可以用于坏的目的。它可以被当成最强大的破坏武器，也可以被当作同情和理解的基础。如果被嫉妒伤害的一方将自己的发现告诉对方，让他知道他只是在利用自己的情绪来引起关注或实施专制，这并不能带来什么好结果。它只会更激怒对方，使糟糕的关系更加恶化。我们只有谨慎地避免用语言点破，同时将自己知道的应用于适当的、有益的行动中，才是使用心理学的正确做法。

我们可以帮助到嫉妒的伴侣吗？如果妻子嫉妒，丈夫能做些什么？遭遇过这种困境的人，大多觉得无能为力。他们或许会说，对方什么"道理"都听不进去。然而，他们并不知道，所谓的"道理"只是一种完全徒劳的劝说。由于他们使用了错误的方法，因此他们觉得妻子的嫉妒无药可救。

让我们想象一个相当常见的情景。丈夫晚上回到家，发现妻子闷闷不乐、一声不吭。他和妻子打招呼，她也不理会。气氛有些紧张。丈夫问："你怎么了？"她还是不说话。显然她很生气，他看到妻子这样也很生气，要求妻子解释清楚。最后，她大声喊道:"你可以去你女朋友那里,干吗还回家呀?"

遇到这种情况,丈夫一般会怎么做?如果丈夫宽容、体贴,他或许会试图说服妻子,让她不要这样想,尽力让她相信是她误会了。紧接着,他就会犯一个典型的错误,即为自己的晚归道歉。可是无论他说什么,她都不会相信,这会让他变得越来越激动和愤怒(人们在处于愤怒和痛苦中时会说出太多伤人的话。当人们友好交谈时,语言能让他们团结在一起;但当吵架和愤怒时,言语就像用鞭子抽打那样,比任何身体攻击都更伤人)。

这是在爱情当中因嫉妒引发争吵的常见情形:被指责的一方竭尽全力为自己开脱。我们都太相信逻辑,而对心理学了解却很少!因此,当出现问题时,我们总是试图讲逻辑,而不是从心理的角度来采取行动。

逻辑远没有我们认为的那么有效。尽管我们可能完全正确,但如果我们试图解释自己的行为是正确的,那就错了。我们忘记考虑当下的情境是否适合用逻辑来讲道理。我们是对是错并不重要,就算是对的,也不足以解决问题。即使错了,如果我们考虑到心理因素,并采取了正确的行动,那我们也许就能化解矛盾。但是,如果逻辑上是对的,而在心理角度上采取了错误的行动,那只会加剧矛盾。无论是否合乎逻辑,争吵的对方依然会在强烈情绪的裹挟下保持对立的态度。我们提出的每一个看似有道理的论点，对方都会找出三个更有力的论点来回击，结果只能是双方更加愤怒和生气，等到争吵到最后，双方都精疲力竭、后悔不已，这可以算是对彼此最大的惩罚了。

还有另一个与嫉妒者打交道时会犯的典型错误。因为我们不明白心怀嫉妒之人在想什么，所以无从知道他痛苦的真正原因是什么，我们只是意识到这样对我们自己不公平。我们感觉遭受了无缘无故的指责和伤害，而且感觉失去了安全感，这让我们很生气。由于不知道该怎么办，我们变得充满敌意，并开始争吵。导致这种结果，并不是一个人的错，而是两个人都有错。

通常来说，如果我们对自己有信心，不认为自己受到了羞辱和虐待，那我们就可以通过巧妙的方式来化解嫉妒情绪。一抹微笑、一个饱含深情的吻、一句真挚的话语，都可能会产生神奇的效果。如果我们在被激怒的当下不立即做出回应，而是稍等一下，那我们可能就会找到令人愉快的话题，紧张的气氛也会得以缓和。责骂和争吵永远无法让人放松，只有紧张的气氛消除后，才能给予嫉妒者有效的帮助。

嫉妒者需要我们的帮助。指出他错了，是无济于事的。谁都知道被嫉妒控制是错误的。其实，从逻辑上来看，嫉妒本身并不是什么大错，只是因为嫉妒者不了解自己的情绪，所以采用了错误的方式来表达。从逻辑上看,尽管嫉妒者的指责是错误的,但他的不足感或被忽视的感觉却没有错。这是心理层面的事实。富有同理心的伴侣会做很多事来鼓励对方,并提供更多的安全感。婆婆(或岳母)或此刻想到的其他男人(或女人),这些"假想敌"都是次要的。围绕"假想敌"的争吵是无关紧要的,这时向嫉妒者表达自己的爱和诚意,才能让对方放下心来。向对方表达出欣赏和尊重,可以避免任何嫉妒的倾向。让对方知道他是多么被需要,可以帮助他克服自己的不足感。

还有一个常见的错误也是我们必须避免的。因嫉妒而出现责备和争吵、怨恨和蔑视时,我们通常会屈服于嫉妒者的要求。我们试图通过让步来安抚对方,并承诺不再见其他男人或女人,或降低探望母亲的频率,但这并不能解决问题。让步会令对方产生这样一种错觉:无休止的指责能让人屈服。此外,让步也不会使嫉妒者问心无愧。虽然嫉妒者获胜了,但他也感受到了他制造的不安氛围,每一次胜利都会加剧他对注定到来的失败的恐惧。面对嫉妒者时,我们应记住以下几点:不要为自己辩解,不要试图讲道理或说服对方;但也不要屈服,一定要坚定,做自己认为对的事。屈服就像吵架一样,无济于事。我们要给予伴侣真正需要的东西——爱和忠诚。

## 嫉妒是一种精神问题

从精神病学的角度来看，最难以治愈的是那些因嫉妒而内心极度不安的人。如果这样的人来寻求帮助，他们一定是需要别人协助他们对抗自己的伴侣。他们会绞尽脑汁来证明伴侣是多么不公正、多么不公平，很少有人想真正地了解自己。他们希望伴侣做出改变，而不是自己改变。只有当嫉妒者真心希望得到帮助时，心理治疗才会对他们有所帮助和影响。

治愈嫉妒者的一种方法是，用令他信服的方式向他证明，他真正想要的是什么。一味批评他的情绪和行为是愚蠢的，根本起不到什么作用，这样的治疗方法完全没有抓住重点。首先，他的感受是真实存在的，虽然他的嫉妒可能毫无道理，但它确实存在，并造成了伤害。此外，嫉妒者自己可能也认同他的嫉妒是没有道理的，但这样又有什么用呢？它只会掩盖真正的问题。每个人的情绪都是有意义的，他可能只是不知道这些情绪的意义。

嫉妒的治疗是一项综合的心理治疗。治疗师必须首先探究造成这种情绪紊乱的根本原因是什么，然后帮助患者了解自己，不仅要了解患者目前的矛盾，还要了解他的整个人生观和生活方式。但只是了解和洞察还不够，甚至毫无意义，除非通过了解和洞察能引起改变，让嫉妒者纠正自己的错误观念和错误的行事方式，进而重新界定自己的社会地位。这需要消除患者内心不合理的自卑感。而且患者的社会兴趣必须重拾，而社会兴趣的丧失则是由其童年时期的经历和对这些经历的误解造成的。通过这些综合的心理治疗方式，患者才有可能找回勇气和自信，从而更有效、更恰当地处理自己面对的问题。

深受嫉妒困扰的人，尽管表面上是诚心来寻求帮助的，但实际上他们会抗拒所有的治疗。治疗酗酒者的嫉妒，必须首先让其戒酒，否则是无法治愈的。嫉妒有时会表现为偏执，这是一种更为严重的精神症状；有时又表现为严重的强迫症和神经质。若是这类情况，治疗的预后效果通常不佳。

## 克服自己的嫉妒

对于普通人来说，如果有嫉妒的倾向，最重要的是要知道如何调整自己。觉察自己的内心倾向会很有帮助。毫无疑问，当我们陷入某种情绪中时，我们是很难认清它们的，要想做出改变就更难了。我们会根据自己的感觉和情绪来为自己的行为开脱，还会将理性排除在有效因素之外。情绪对一个人的态度有着巨大的影响，甚至会让其他影响因素都无能为力。这就是我们很难克服嫉妒的原因所在。

我们为什么会放弃能够抑制情绪的理性呢？部分原因是情绪本身的特点，即所有情绪的出现和消失都没有原因，也不讲逻辑，这让我们深信自己几乎无法影响它们，更别提利用逻辑和理性来改变情绪了。情绪是无法控制的，它比理性更强大——这种观念是我们文化的一部分，可追溯到几千年前。肉体一定要服从于精神，肉体不能做任何精神不允许的事情，这种说法是错误的。强烈的负面情绪背后，隐藏着非常具体而实际的意图。如果我们有足够的勇气承认情绪的重要性和影响力，承认它的目的和意图，那我们就有可能克制自身的情绪。

如果我们心生嫉妒，仅仅承认错了是不够的。虽然我们可以承认自己错了，但我们仍继续认为自己的意图是好的。真正的自我洞察需要我们审视自己的真实意图。我们是想获得更多的关注吗？我们要给对方施加压力以获得权利吗？我们是想伤害对方，还是为婚姻失败找借口？只有对自己的意图和情绪负起全部的责任，我们才能战胜嫉妒。一个女人如果因丈夫去看望婆婆不回家而嫉妒，那她一定既不关心婆婆，也不关心丈夫，而只关心她自己，关心她的家庭地位和她自身的价值。通过嫉妒，她想向丈夫证明：他不能忽视她，她不允许丈夫对别人的关心超过她。如果丈夫不能给予她所期望的关注，那他就只能花时间和精力与她争吵。如果他达不到她的要求，他就必须忍受痛苦。

克服敌对情绪的最有效方法是，认识到产生和维持这些情绪的目的何在。如果我们知道并坦率地承认自己的目的，我们就会发现我们的确是自己情绪（无论好坏）真正的掌控者。要想拥有这样的洞察力是很难的。如果我们愿意承认那些明显能引起情绪变化的心理因素——对自己和他人的怀疑、不足感、与同性的竞争，那它们就很容易被识别出来。可如果我们到此为止，认定这就是最终的事实了，那我们就很容易为自己开脱："那倒是，但我能做什么呢？"要想更深一步探究我们的最终目的，我们就一定要洞察自己的心理意图。一旦意识到产生嫉妒是为了取得优势，我们就可以削弱嫉妒情绪，这样嫉妒就不能充当不当行为的借口了。

## 改善始于我们自己

嫉妒往往会引发恶性循环。当婚姻关系中出现嫉妒时，典型的冲突就会产生：双方都意识不到伴侣的嫉妒是他们要共同面对的问题，每个人都会把责任推到对方身上，并希望对方来解决冲突。每个人都认为自己是愿意合作的，都是由于对方才让两人的合作变得困难。然而，只要双方都要求对方先做出改变，那就没有改善的希望。嫉妒，只会导致一场争夺控制权的斗争，一场关于谁先让步的较量。如果双方都不肯先让步，那么彼此就会绝望，乐观的情绪也会越来越少，这将进一步加剧双方的攻击性，并使他们确信除了自己的声望、权力，其他的都无法挽救。因此，夫妻双方在这场斗争中陷入僵局，并为了短暂的胜利而付出痛苦的代价，然后再开始新一轮的斗争。其实，他们自始至终都不知道，解决问题的办法还有很多。

解决问题的一个先决条件是：夫妻双方都认识到，解决嫉妒问题只能从自己开始。这是获得成功的唯一基础。面对婚姻问题，唯一能带来建设性解决方案的问题是："我能做什么？"当人们通过真诚的努力，发现可以做出自己的贡献时，再绝望的处境都可以找到破局的钥匙。没有什么情况能绝望到无法改善的地步。人们对于"我能做什么"的最佳答案也许不能彻底消除所有的不安和痛苦，但通常能令情况变得不那么复杂，最终引导双方都找到令他们满意的解决方案，而这一方案起初看起来似乎是不可能的。尽管许多人一开始就想找到完美的方案，但这一方案并不能让双方都满意，而只能让自己满意。他们忘记了，问题是可以逐步改善的。尽管这种改善会很慢，但它通常是通向合作和满意的唯一途径。

上述方法适用于所有的婚姻问题。我们只是将嫉妒作为一个例子，来说明婚姻中摩擦和冲突的本质。在结束讨论之际，我想提出一些实用的建议，这些建议既适用于嫉妒，也适用于婚姻中的其他问题：尽管每个人都必须从自己做起，但在某一特定时刻，遭受较少痛苦的一方可以向对方提供更多帮助。在刚开始争吵时，嫉妒者可能是最痛苦的，因此，另一方在自己也变得同样痛苦之前，是有机会向对方提供帮助的。那么，这一方能做什么呢？

首先，应该试着了解伴侣为何会陷入困境。比如，丈夫为什么嫉妒？是不是妻子做了什么，无意中激发了他的嫉妒？难道妻子没向丈夫充分展现她的忠诚，或者她可能激起了他的不安全感？或许她的虚荣让丈夫觉得自己不够好？如果妻子意识到自己做得不够好，从而导致两人关系紧张，那她就可能鼓励和安慰丈夫，并充分意识到他现在——而不是以后——就需要她的帮助，这样就会避免他们重新陷入对抗状态。在帮助丈夫的同时，妻子也在帮助现在和以后的自己。

我们怎样才能不让自己嫉妒呢？如果我们真的有责任心，想要维持婚姻的和谐，我们就应该警惕自己的任何敌意迹象（如今的不安全感有一个显著特征：我们对哪怕最轻微的敌意迹象都非常敏感，但仅限于针对别人的敌意，而不包括我们对他人的敌意）。我们能感受到的任何负面情绪都应该是一个警告：我们身上发生了什么？我们是否发现自己极不自信？悲观情绪是不是侵蚀了我们的勇气？如果是这样的话，危险就在眼前。我们不能被愤怒的情绪欺骗：愤怒的来源看似是外部因素，其实源于我们的内心。现在是时候考虑我们接下来要做什么了。我们为什么会怀疑自己？我们为什么不寻找解决问题的方法，而是让双方都继续错下去？我们需要情绪的支持，但需要的是热情、希望、乐观和同情的正面情绪。让我们警惕能够感受到的任何负面情绪吧！

如果我们能找到更好的心理洞察途径，那就会为改善夫妻关系做好准备。冲突只是表象，如果不着手解决潜在的恶疾，我们就无法治愈婚姻。如果我们不改变对生活的态度、对自己的认知和行事方式，我们就无法改变自己的情绪。每一个冲突都是对人与人之间的感情和社会兴趣的考验。如果我们气馁，心怀敌意，失去归属感，冲突就可能会导致灾难。反之，冲突也可能促使我们进步，做出改变，增加我们的智慧和经验，提高我们的生活技能，增强我们的自信。妥善处理每一个冲突，就是向前又迈出了一步。冲突揭示了我们成长过程中的不足和社会化的局限。只有胆小的人才会逃避冲突；而在勇敢者的眼中，问题的存在是为了被解决。让我们接受这个挑战并不断进步吧！我们要学会对别人少提要求，学会与伴侣一起生活得更美好、更幸福。

Marital Problems
and Conflicts

第七章
婚姻中的问题与冲突

## 人类问题的本质

在共同生活的过程中,我们肯定会遇到数不胜数的问题。我们的一生都在克服各种各样的问题。婚姻的好处在于,它让为生存而努力的两个人可以互相帮助。尽管婚姻能够帮助我们完成人生中的任务,但它本身也是一个我们必须完成的任务。在婚姻中,我们不仅会遇到普遍性的问题,还会遇到一些特殊问题。我们可以将此视为对我们解决问题能力的考验,而婚姻问题考验的是我们与另一个人亲密生活的能力。

上述思考告诉我们,婚姻中的每个问题都与我们的个性、生活的方方面面有关。我们首先看到的是问题的表面。例如,我们能意识到不安,这种主观意识的不安感表面上看是由某些具体情况引起的。我们要想解决经济、社会、职业或者性方面的问题,就需要运用不同的方法。如果用这些方法还解决不了,失望和不满的情绪就会随之而来。以前的书籍和专家提供了建议，以维持婚姻的和谐稳定，但它们都是技巧性的规则，针对婚姻中的具体问题给出具体的做法，就像用来规范个人行为的法律条文一样。

现代心理学家正努力寻找隐藏于所有具体问题背后的共性，这不同于具体问题，具体问题仅被视为一种表象。每个问题都与相关个体的生活环境有关，外部的所有因素都会在个体身上留下烙印，它们会与过去的经历、生活方式、接受的教育等一同作用于个体的态度。

对引起不满和摩擦的问题进行的建设性讨论，必然会揭示心理问题，而这些心理问题会妨碍我们找到解决办法。尽管在我们看来，我们与生活的对抗会导致一些真实而具体的冲突，它们会带来伤害和侮辱，有时甚至导致死亡，但实际上这些冲突只发生于我们自己的内心。现实中它是真的存在，还是只存在于我们的观念中，这仍然是一个哲学问题，而且是一个非常混乱而令人困惑的问题，直到物理学家揭示了物质的"精神本质"，他们发现任何具体的有形物质，完全是由抽象的和绝对非物质的波组成的。就像我们坐的椅子，它是真实的，由木头或金属制成。之前我们认为不管对椅子的成分进行多么深入的分析，看到的都应该是相同的材料，但这是错误的。如果一直分析下去，我们会发现那些材料都是由电子、中子等其他最小的物质组成的粒子，它们实际上只是波，而不是我们通常认为的物质。波的速度和数量就决定了事物的材料（木头或金属）、物体的形态（固体、液体或气体）和颜色。透过"真实事物"的表面往深层探究时，我们就进入了一个完全不同的世界。现代物理学与心理学的概念和研究方法十分相似。[1]物理学对具体问题的分析，揭示了问题的表象和造成问题的各种因素之间的根本差异，心理学的分析与之相似。每个问题的表象背后都包含着个体因素和社会因素。想解决冲突，就要了解相关的基本事实、所涉的环境条件和所涉人物的个性。

## 事实的主观性

只要生活还在继续，不同的力量之间就会相互对抗，彼此的利益就会发生冲突，诉求就会产生分歧。生命总是会走向死亡，而成长就是试图在毁灭中幸存。对于整个人生来说是如此，对生命的任何部分来说也是如此；对于细胞和生物有机体来说是如此，对家庭乃至国家和世界来说也是如此。

---

[1] 亚瑟·斯坦利·爱丁顿谈到物理学中关于物质的新概念："用事实说话的物理学家很难接受'一切事物的基础都具有心理特征'这个观点。但是……心理在我们的经历中是最重要、最直接的东西，其他都是由此间接推断出来的。"《物理世界的本质》（*The Nature of the Physical World*），麦克米伦出版公司，纽约，1928年。

冲突和碰撞并不一定意味着痛苦，连死亡也很少是痛苦的。真正的不幸，只是导致我们悲伤和不快的一小部分原因。死亡、疾病、战争和贫穷也只是造成当今人类苦难的一小部分原因，尽管这令人难以置信，但确实是事实。人天生就有惊人的适应能力，哪怕是在最恶劣的环境中也能生存。我们的痛苦源于我们自己，源于我们对事实的态度，源于我们的思想。这并不意味着我们可以无视生活的现状，相反，我们现在比以往任何时候都更加认识到现实与思想之间的相互关系。我们知道，人类的思想创造了现实和环境，而环境和体验反过来又激发了思想。每个个体和他所处的环境之间不断地相互作用。但是，一件事情是令人愉快的还是不愉快的，只在有限的程度上取决于事情本身。是我们的态度决定了是接受还是拒绝，而只有拒绝才会导致不愉快的感觉。

我们的态度决定了某个事实的意义。事实和生活本身，既不好也不坏——不论它们是令人愉快的还是令人烦恼的。真正重要的是我们如何看待它们。几乎每件事都包含着一切可能性，甚至死亡、痛苦也是可以被坦然接受的。如果疼痛代表着康复或改善（例如分娩或麻痹后的知觉恢复），那它是非常令人愉快的。任何事情既可以是美好的，也可以是丑恶的。特定的环境既可能会起到破坏作用，也可能会起到促进作用。我们自己的决定和先入为主的观念，会引导我们判断事物的美丑,而这会给我们带来帮助还是灾难,取决于我们自己。我们的"感知偏见"将现实变成了虚构:我们只看到自己想看到的,找到自己期望找到的。我们通过自己的体验学到的东西也很有限,因为我们通常会"创造出我们的体验"。也就是说,我们操纵我们的体验,并明确地按照我们自己的选择来定义和解释它们。

这种对生活的"唯心"解释,被认为忽视了所有由外部条件导致的冲突。根据我们的日常体验,生活受到强大的外部力量的影响,相比之下,个人的力量微不足道。遗传疾病、卫生条件、经济状况、失业、战争或繁荣对我们的生活进程具有决定性的影响。在一群遭受迫害和压制的人当中几乎找不到快乐的人,饥饿的人也很难快乐。社会力量难道不比个人态度更重要吗?

这些矛盾的观点导致了人际关系、心理学研究和治疗过程中的诸多误解。唯物主义和唯心主义代表了生活的不同方面。长期以来,从经济学和社会学角度研究人类问题的方法,都是唯物主义;而从宗教和哲学的角度得出的理论,或多或少都带有唯心主义的色彩。然而,我们现在正努力将各种观点融合在一起。无论是在心理学还是在社会学研究中,我们既看到了唯物主义倾向,也看到了唯心主义倾向。例如,行为主义者只承认事物对个人的实际影响,而语义学家则认为个人的理解和观念是决定性因素。我们似乎很难将两种观点统一起来。在努力将这两个看起来都正确但又相互矛盾的观点结合起来时，我们又得到了现代物理学的帮助。现代物理学家指出，我们所说的因果关系是大数定律[1]，更为恰当的说法是"统计概率"（虽然单个粒子的运动和速度似乎是不确定的、不可预测的，但当数量足够庞大时却并非如此）。将这个理论应用到对人类问题的研究上，会产生有趣的结果。

社会因素是影响人类命运的决定性因素，但这种决定性只是对整体人类而言，对个体来说则不然。美国的失业人数取决于经济条件和社会状况，其影响是很明确的。因此，经济和社会环境的改善会增加就业，反之，经济和社会环境的恶化会导致就业人员减少。这种因果关系是确定的。但具体到你我是否失业，则既不是由经济和社会环境决定，也不是由失业率决定，而是取决于我们自己是否有能力谋生。如果我们更努力、更高效，我们就能找到一份工作——尽管获得这份工作的代价是会有别人被解雇掉（我们当然不能把这种做法当成是解决失业问题的办法），或者我们可以尝试创造新的就业机会。

---

[1] 大数定律：概率论中用来阐述大量随机现象平均结果的稳定性的理论。——译者注

与因果决定论不同,这种解决问题的方法是唯心的、主观的。这两种方法都有一定的价值,如果我们要明确区分,那么第二种方法应该用于分析个人问题,第一种方法应该用于判断整体情况。在一个特定的社会群体中,自杀人数的比例年年保持着惊人的稳定,这与经济状况(例如粮食价格)或社会、政治环境有关,只凭借社会和政治环境的改变就可以导致自杀人数的增加或减少。例如,在革命时期或战争期间,自杀人数则会普遍减少。但个体是否选择自杀,完全与粮价或战争局势无关。尽管个体的行为会受到上述各种因素的综合影响,但并非完全由这些因素决定,任何因素对他而言都不是决定性的、不可改变的力量。每个个体可以自由制订计划,并采取相应的行动。即便他的态度是一时兴起,但它仍然以个人的生活方式为基础,并与其生活方式保持一致,这决定了他将采取怎样的行动以及行动的方向。

## 婚姻冲突的背景

所有的婚姻问题普遍都带有我们这个时代社会背景的烙印。正如前面已经提到的,这就是成千上万的男人和女人都有着相似问题的原因所在。夫妻间的每一次冲突和摩擦,都受到当今人类面临的普遍问题的影响。经济上的不安全感；许多人对我们这个时代的社会、政治和经济问题的无助感；价值观和道德观的巨变带来的社会动荡；我们的社会群体分解得越来越小，每个小群体都只顾自己的利益；普遍的竞争和较量导致相互之间的怀疑加深；最重要的是，男女之间的威望之争——这些因素，赋予原本微不足道、无关紧要的争论以深度和意义。然而，即使了解这些事实，对摆脱婚姻困境也没多大帮助。要想摆脱婚姻困境，还必须有适当的知识。不幸的是，技术性知识和建议本身的价值也有限，因为个人态度才是矛盾冲突背后最重要的动机。了解自己和伴侣，深入洞悉人性，这才是人们在面对生活和婚姻的艰巨任务时，能找到的最有效的帮助。

## 性生活不和谐的问题

人们会把很多事情当作是通往幸福道路的绊脚石，当谈论起它们的时候，我们要睁大眼睛，探求人类深层次的冲突和需求。婚姻是性满足的合法途径，性生活和谐被认为是婚姻的最基本要素之一。奇怪的是，相互的性满足并不是当前婚姻中的普遍现象，而更像是例外情况。由于对性生活不满意的比率明显升高，因此人们写了大量关于改善婚内性关系的书。关于男性和女性性爱节奏的差异，以及如何克服由此产生的障碍之类的内容也很多。人们渴望拥有这样的图书，希望从中找到如何获得性满足的答案。许多夫妻可能从这些书中找到了一些慰藉。但我们仍然想知道，他们重新获得的性和谐是来自技巧方面的建议，还是因为这对曾经失望的夫妻因转变了态度，决定共同来完成人生的冒险之旅。这种共同承担可能会带来比婚姻关系本身更深层、更持久的和谐，而仅靠某一种新技巧，是无法产生长久的效果的，也不能挽救日益恶化的婚姻。

"性生活不和谐"通常被当作掩饰拒绝的借口。毫无疑问，在性方面，每个人都更容易被某些类型的异性吸引。以往的经历和个人喜好会使人们形成独特的偏好。人们很少只被一种类型的异性吸引，可这种偏好只在求爱的过程中才有意义。等到结婚后，性关系还会受到其他因素的支配。最受青睐的"类型"可能很快就会失去吸引力。前面我们已经提到过一个案例，在那个案例中，丈夫起初确信妻子再也不能在性方面刺激他，后来经过治疗，他重新发现了妻子对他的性吸引力，并对她产生了性兴趣。一般来说，缺乏性兴趣、性兴奋不足、性需求多样化、性过程不恰当、阳痿、性冷淡、性厌恶，这些都不是所谓"性生活不和谐"的原因，而是双方发生冲突的结果。这些反映了夫妻之间的敌对态度，这些态度会影响他们的性行为。尽管技巧性的指导有着不可否认的价值和意义，但即便没有任何的指导，两个真心相爱的人也能发现彼此都有性吸引力，并一直保持下去。

有些唯物主义者高估了生理构造和性需求充分满足的重要性。他们相信性和谐要靠生理上的契合，也相信生理欲望会枯竭。让我们思考一下这些事实：很多时候，新婚之夜的初次性体验会让人大失所望，它常常标志着婚姻的幻灭和不幸福的开始。新娘和新郎无法满足对方，并且在此之后他们也不知道如何更好地了解对方。他们解释说，是生理构造和性需求相差太大了。或者说，他们发现自己在新婚时被激情淹没，兴奋不已，然而不久之后，激情的火焰就熄灭了。他们开始寻找新的刺激、新的冒险、新的体验。即使情况没这么极端，许多人也可能会认为刺激感和兴奋感会在日复一日的平淡生活中被冲淡。他们认为新鲜的体验是保持欲望必不可少的——单调的生活会扼杀快乐。数以百万计的人相信，性和谐会日渐消失，他们的体验似乎证实了这个观点，但其实是他们无法对这些体验进行更深入的探究。

## 性满足感需要相互调整

当两个人进入性关系时，每个人都会把自己的个性、过去的体验，还有身体构造，带进这段关系。如果他们真的完美契合，那一定是个惊人的巧合。做爱是一门艺术，就像其他任何艺术一样，必须通过训练才能达到完美。夫妻双方越是懂得性爱的艺术，就越能融合在一起。即便刚开始他们对此一窍不通且双方的观念不同，他们也能学会融洽相处。每一段性关系，在经过激情释放的第一幕之后，都需要一个相互调整与适应的过程。

让我们先谈谈一对恋人之间可能存在的一些差异：有人被动，有人主动；有人索求，有人顺从；有人主导，有人跟随。每个人都可能是鲁莽的或耐心的，冷漠的或敏感的，自私的或体贴的。所有这些品性都体现在性行为中。两个人在某些性情或习惯方面可能存在一种天然的一致与和谐，但我们能期望所有的习性都如此和谐吗？要知道，在紧密结合之前，他们其实对彼此知之甚少，因此，他们很容易失望。此外，他们都有着自己的过去，如今走在一起，他们所经历的、喜欢的、想象的统统都在结合的那一刻显现出来。一对夫妻的结合会涉及许许多多的人。

但恋人们没有意识到那些参与其中的"背后的人"的存在。如果这些参与者不能融洽相处，他俩就会很失望。所有曾经付出和获得的感情，对所爱之人的所有情绪，父亲或母亲、兄弟或姐妹、男朋友或女朋友的形象，全都汇聚在我们爱着的这个人身上。我们并没有把他当成一个真实的人，而首先当成我们所喜爱的、所期待的事物的象征。即使我们很幸运，伴侣能够满足我们的每个要求，我们迟早也会从梦中醒来。然后我们必须学会认识、了解伴侣，并爱上他。但是，如果我们仅仅因为内心对他的想象而爱上他，我们就会失望，进而退出这段爱情关系。只有当新的经历足够刻骨铭心，超越过往的印象，并更加满足我们的需求和期望时，我们的爱才能够维持下去。如果一对伴侣没能做出这种必要的相互调整，就会导致性失望和性生活更加不和谐。

A先生和A夫人因为性生活不和谐来向我咨询。他们彼此相爱，有着良好的合作精神，这让他们在婚姻生活中能够相互了解、意见一致；但在性生活方面，他们完全合不来，甚至已经到了根本无法从中获得享受的地步。导致性生活失望的决定性因素，似乎是他们在情感上的不同经历。A夫人是个独生女，母亲非常疼爱她，她在温馨和充满爱意的氛围中长大。然而，A先生在十三岁时就离开了家人，从那时起就自己养活自己，年轻时还做过水手。当他最终想要安定下来，拥有一个属于自己的家时，A夫人慈母般的爱意给他留下了深刻的印象，他爱上了她。她也爱着他，因为他能自给自足，是一个能保护她、给她承诺的坚强男人。两人对另一半的期待都在彼此身上得到了满足，但只有一点不成功——当她只是希望与他温存爱抚时，他却总是性欲高涨。而他则拒绝她只是想靠近、亲吻和爱抚的要求，而她对他粗暴、强势的做法很不满。久而久之，彼此的怨恨越来越强烈，直到A先生阳痿，完全失去了性欲，因为他感受到了A夫人的痛苦和不情愿。两人都没能学会以对方喜欢的方式爱对方，都觉得自己的要求是合理的。两人都想得到满足，却不懂得给予对方满足。

## 态度比技巧更重要

不幸的是，这种双方只追求自身满足的情况非常普遍，而且是产生摩擦和导致失望的根源。很少有人意识到性满足的根本在于对彼此的满足。这并不是说他们不愿意满足对方，而是说他们没有进入彼此的生活，却只活在自己的世界中。他们在乎的是自己的感受、自己的能力、自己被伤害或被拒绝。他们永远以自己为中心。令人满意的爱意味着毫无保留地、无条件地感受对方。当一个人要求对方能够满足自己时，他的心里就没有对方，而只有他自己。

如果一个人认为这是自己必须承担的责任，或者感觉自己的威望越来越受威胁，也会出现同样的情形。尽管这个人很乐意履行其职责，但这种旨在展现自身能力的责任感与对伴侣的理解、感受是互不相容的。除了相互享受和满足，其他任何兴趣都会分散和扼杀情感。阳痿和性冷淡是夫妻感情变淡的后果。这些症状属于神经质机制,就像神经症一样,隐藏了人们真实的心理动机。虽然从表面上看,一个人会有意识地关心伴侣是否得到满足,但实际上,他对自己的声望和自我防御问题更感兴趣。正是由于对自身女性角色的怨恨,许多女性不愿意在性生活中承担应尽的职责,而这种怨恨又导致了她们的性冷淡。

通常,女性甚至没有意识到自己的性冷淡,因为她们爱自己的丈夫,而且能感觉到性刺激,但她们不会有那种完全投入才能获得的情感上的高潮。还有一些人想通过外界的刺激来达到这种高潮,但这是徒劳的,因为她们没有意识到,妨碍她们高潮的正是她们自己。男性的阳痿也与之类似。阳痿意味着想要保持冷漠、保持距离,或者反映出男性对自己是不是一个"真正的男人"的高度怀疑。缺乏性刺激,或情绪不高涨,往往意味着双方想要保持距离,这通常源于对婚姻的不满和与伴侣在生活其他方面的分歧。

我们有必要了解一下男性和女性在性爱节奏上的生理差异,关于这一点,最近的讨论有很多。人们普遍忽视的一个事实是,男人和女人在任何情况下都必须调整自己以相互适应,因为两个人接受的教养是不一样的。两性关系中的危险在于两人都有向对方提要求的倾向。这些要求包括:他/她应该有不同的行动和反应,缓慢或快速地、温和或猛烈地、添加或省略某些动作。毫无疑问，我们应该互相教对方怎么去做，而不是互相索求。索求只会激怒对方，并导致不和。

如果不能自然而然地获得满足，我们就必须开启自我调整的程序。女人比男人更容易在性生活中失望。有个问题需要探讨，即她们获得性满足的滞后是出于生理原因，还是出于对性满足的犹豫态度？这种态度显然受社会习俗的影响。被动与顺从使得女性更倾向于提出要求并感到失望，一味地指望伴侣能够提供解决方案。然后，恶性循环由此开始：女性对性关系心生怨怼，从而使性关系雪上加霜。

实际上，男人和女人的相似之处，要比唯物主义生理学家所认为的多得多。两个全心全意相互接纳的人，具有非凡的同化能力。对于这样的伴侣来说，其中一个人的感受能与另一个人分享。突破肉体的界限，将感受甚至思想传递给彼此，这仍然是人类的奇迹之一。只要不受恐惧和忧虑的干扰，只要做到完全放松地接受，任何一方的每次情感冲动都会给双方相同的刺激与影响。在这种情况下，无论他们有什么样的行为和节奏，兴奋和满足都会同时出现在两人身上。相互调整的程度实际上是没有上限的。这完全取决于彼此是否愿意无条件地接受对方——既没有要求和怨恨，也没有抱怨和不安。只要双方都喜欢，一切都是美好的。单方面的性满足是对伴侣的虐待，与强奸没有什么区别。[1] 爱是两人共同的任务，性是两人的相互理解。[2]

## 爱需要不断呵护

如果丈夫和妻子都能明白这一点，那他们就会试图激发感情，做出回应，而不是只考虑自己拥有的权利。很多人一结婚就忘记了自身所具有的吸引力和魅力。他们认为，结婚证能够赋予他们获得满足的权利。而当他们的期望没有实现时，他们便会要求更多，而不是努力让自己变得更有吸引力。许多女性在外出或拜访朋友时，会费尽心思地让自己变得更具吸引力，但在亲密的家庭生活中却放任自己。她们认为丈夫的爱是理所当然的，而不需要不断重新获得他的欣赏和爱慕。一旦结了婚，她们似乎不再关心自己是否能激发丈夫的兴趣和情感，她们忘记了自己以前成功吸引丈夫的许多巧妙的方法。她们甚至会认为那样的做法是丢

---

[1] "任何羞辱和贬低自己伴侣的人，都不会拥有爱情的幸福。" 沃尔特·贝伦·沃尔夫，《人类如何才能快乐》（*How to Be Happy though Human*），法拉尔和莱因哈特出版社，纽约，1931年。

[2] "如果两人的理解是恰当的，那产生的一切都是美好的；如果与伴侣不和睦，那一切都没有价值。" 苏菲·拉扎斯菲尔德，《生命的节奏》（*Rhythm of Life*），格林伯格出版社，1934年。

脸的。不，她们的丈夫应该爱她们现在的真实模样！事实上，再年轻漂亮的女性也需要用巧妙的方法来保持丈夫对自己的新鲜感，再年老色衰的女性也找得到技巧来保持这种新鲜感。

许多男人同样如此。结婚后，至少是蜜月结束之后，他们便常常忘记那些曾给两人带来快乐的"甜蜜的小把戏"——或者只把那些小把戏留到社交场合再使用，目的是在别人面前展现他们是多么爱自己的妻子。他们没有意识到，女人需要不断看到丈夫表达爱意和情感。婚后向女人表达爱意并不比婚前难，而且带给对方的幸福感也不会比婚前低。然而，男人通常都没有接受过这样的训练。他们认为妻子有义务履行婚姻"义务"，并将性满足看作其中的一部分。实际上，许多男人认为婚姻中只有男性的欲望才是重要的，而且男性无论何时有需求，女性都必须给予满足。他们认为女性应该时刻准备好回应男性的需求，但不能主动提出需求。

对男性优越感的深信不疑使许多男人都持有这种荒谬且往往致命的观念。他们没有意识到回应性需求是夫妻双方都应履行的义务，性关系中的任何不和谐都是双方必须共同解决的问题。

## 解决每个问题都是一项共同的任务

认识到解决任何令人烦恼的问题都是双方要相互鼓励、相互帮助来共同完成的任务，这对维持婚姻幸福而言至关重要。一对夫妻即便在生活中遇到再大的困境，也不一定会危及婚姻；相反，这往往会将他们更紧密地团结在一起。困境的严重程度其实并不重要，重要的是夫妻面对艰难的状况时是否能够携手共进。如果双方有着共同的观点和价值观，那么他们对抗逆境的能力就会增强。夫妻共同的信仰、共同拥有的正确的人生哲学，都有助于婚姻稳定。这并不意味着两人宗教信仰或信念的不同，就一定是障碍。存在差异只能说明双方需要更全面的相互理解、相互包容，这是非常珍贵的道德观，非常有助于改善婚姻关系。

## 姻亲是双方共同的责任

对婚姻和谐来说，最大、最普遍的威胁来自对方的家庭关系。这并不是说对方的家庭引发的困境比其他困境更难解决，而是说在这种情况下，很容易将由此产生的摩擦归咎于对方及其家人。一般来说，婆婆及其家人更容易带来摩擦。岳母通常会对女婿表示欢迎，婆婆却总是认为没有一个女孩能配得上她的"宝贝儿子"。当然，也有很多例外，只是经验表明，岳母在这方面是相对有优势的。不管是哪一方的问题影响了婚姻和谐，都会导致摩擦和失望，除非双方将此视为他们共同要应对的任务，否则，其中一方就会因个人的偏见和不理解而指责对方及其家人。

这种对立一旦形成，就会阻碍双方找到使他们都满意的解决方案。试图让丈夫或妻子相信他/她是错的，是无济于事的，也无助于更好地理解对方。一方面，做丈夫的觉得身为人子，有义务为母亲辩护，而不使其受到任何指责；另一方面，做妻子的很容易忘记作为母亲的儿子，丈夫也会因为母亲的极强控制欲和无理取闹而遭受痛苦。当聪明的女人意识到丈夫夹在母亲和妻子之间左右为难时，她就会帮助丈夫，不让他因自己的抱怨而心烦意乱，而无论自己的抱怨有多合理。如果我们把自己的智慧和精力都用于正确的方向，我们就会发现那些被许多人认为几乎无法解决的问题，其实都能迎刃而解。至少就目前而言，不同家庭成员之间兴趣和观念的差异可能无法根除，但婚姻的和谐并不一定会因此受到影响。

R夫人来向我咨询：她刚结婚不久，夫妻二人很和睦，但只有一个问题似乎无法解决——丈夫的家庭。她已智穷才尽，她想知道还能做些什么可以避免犯错，不至于危及婚姻。结婚前，丈夫和他的姐姐住在一起，姐姐总能成功阻止他与任何女孩建立亲密的关系。因此，当他终于爱上R夫人时，他已经不再年轻。R夫人费尽心机，才使得丈夫从家庭的束缚中解脱出来。害怕失去经济支持的姐姐恼羞成怒，甚至拒绝参加弟弟的婚礼。

没过多久，姐姐以责备的口吻请R先生去探望她。R先生犹豫了一下，因为他讨厌姐姐的固执，不过他还是去了。没有被邀请的R夫人也不太高兴，因为她对姐姐的公然排斥感到不满，觉得在这种情况下丈夫不应该去。R先生从姐姐那里回来后，就像变了一个人——冷漠、不友好、易怒，这使R夫人的不满转为愤怒。自他们结婚以来，家中的气氛第一次变得这么不愉快和紧张。夫妻俩开始冷战，这种情况持续了好几天，之后才恢复了之前的和谐。

但这种和谐是短暂的。几个星期后，姐姐再次打电话来邀请R先生过去。这一次，R夫人坚决反对他前往。这导致两人第一次公开的争吵和对抗。虽然R先生不能责怪他的妻子什么，但他指责她缺乏理解，干涉他对家人尽义务。在这种情况下，R夫人来寻求帮助，她想知道：自己应不应该冒着被姐姐挑拨离间的风险，让丈夫去看望姐姐？如果丈夫恢复与姐姐的亲密关系，那他可能会离开自己。她是否应该冒着公开争吵的风险，阻止丈夫去探望姐姐？可如果丈夫真的想去看望姐姐，即便她阻止了，他还是可以自己偷偷去看。

我试图让R夫人明白，无论是争吵还是屈服，都帮不了她，但另一种做法可能会起作用。显然，R先生本人也陷入了两难的境地，不知道该怎么办。他对妻子的爱与他对家人的爱之间发生了冲突。那么，R夫人为何不帮帮他呢？R夫人找到了一个解决办法。她回到家告诉丈夫，她不想让他与家人疏远，但是，如果丈夫去看望自己的家人，是不是也应该带上她一起呢？丈夫的反应立即不同，而且很激动。他非常感谢妻子，在遭受了姐姐深深的羞辱之后还愿意和他一起去。他立即打电话给姐姐，问他是否可以带妻子一起去。姐姐却找了个借口说以后再邀请他来，但此后他再也没有收到姐姐的邀请。从这以后，这对夫妻每当遇到家人的问题时都会共同解决。他们再也没有因为这个问题出现过任何分歧。

并非所有由姻亲关系引起的冲突都能如此轻易地解决。如果丈夫的家人始终排斥妻子，那么妻子与他们相处就需要更多的容忍和耐心。但是，只要她不让任何人把自己从丈夫身边赶走，试着站在丈夫的角度考虑问题，鼓励他、支持他，帮助他克服内心的冲突，就没有什么能真正破坏他们的和谐。有时，她甚至能最终赢得婆婆的信赖和支持，婆婆可能也会意识到不论她和儿媳斗得多么不可开交，都无法不让儿子爱媳妇。

这种美好的局面貌似很难实现，但对于一个充满勇气和善意的人来说，倘若她能对那些羞辱、伤害她的人给予理解和同情，那么这就不是什么难事了。如果妻子实在无法做到这一点，那么她也可以说服丈夫，让他相信无论他们多么努力也没有办法帮助他的母亲。当丈夫意识到妻子是一个真正的、真诚的伙伴，并能够从她那里获得信心和力量时，他可能会自然而然地不再依赖母亲，变得更加独立。在妻子的帮助下，越来越多幸运的男人可以不必经历痛苦的挣扎就获得独立。无论如何，只要妻子行为正确——既不屈服也不争吵，给予丈夫理解和帮助，就有可能既恢复母子之间的平衡，又不危及婚姻。

当然，丈夫对妻子的家人也是如此。如果丈夫感觉到自己被妻子的家人嫌弃甚至羞辱，那他就会对妻子产生不恰当的占有欲，甚至会嫉恨。如果他认为自己可以要求妻子服从，认为妻子离开她的家庭跟随丈夫就应该只听大夫的，那就表明他并没有认识到妻子也拥有独立的人格。他可以强迫妻子屈服，但这也就在两人之间埋下了敌意的种子。如果男人认为他有权发出命令，并将命令作为解决问题的途径，那他肯定会徒劳无功。不幸的是，很多男人往往不能在妻子面临困境和冲突时，给予妻子勇气和安慰。似乎是男性的优越感在阻止男人向女人表现出同情和理解。男人将自己的权威看得很重要，他们似乎是为了捍卫自己的尊严而向妻子提出要求，并强制其服从。因此，尽管看上去问题是由妻子的家人引起的，但实际上是由丈夫的专横和苛求造成的。

## 经济困难

在分析导致婚姻不和的其他因素时，我们也要认真区分问题的实质和表象。经济困难经常被认为会破坏和谐。"贫穷进门来，爱情越窗飞"（同中国俗语"贫贱夫妻百事哀"）听起来很有道理，但事情真是这样吗？在很多婚姻中，经济上的压力反而能阻止婚姻破裂，这并不是因为他们负担不起离婚的费用。在经济繁荣时期，离婚率的升高也不只是因为人们有了支付离婚费用的能力。

苦难既可以让两个人关系更亲密，也可以破坏两个人的婚姻。经济大萧条时，一些婚姻会更牢固，而另一些则会走向破裂。任何困难都是对伴侣勇气和真诚的考验，对婚姻基础坚实程度的考验。如果妻子只是为了获得经济保障而结婚，那么当没有足够的收入时，这段婚姻的唯一基础也就不复存在了。然而，如果双方都在婚姻中找到了归属感，经济困难则会使婚姻关系更加牢固。当生活面临困境时，那些平常影响相互理解的小摩擦反而会消失。真正的灾难使人无暇顾及个人威望。当生存受到经济和社会方面的威胁时，任何想要高人一等的愿望，或任何害怕低人一等的恐惧，都会失去意义。以前只追求玩乐、打扮和富贵生活的妻子变成了丈夫的真正伙伴，她们会放弃一切享受来帮助丈夫，甚至在经济上替丈夫分忧。在这种情况下，许多夫妻会从对方身上发现以前从未发现的良好品质。

然而，不可否认的是，经济困难常常是婚姻破裂的直接原因。经验告诉我们，分析婚姻问题不能只局限于眼前的冲突，而要寻找更深层次的原因。正如我们之前所说的，也许这场婚姻的基础已脆弱到禁不起一点风雨，或许夫妻关系早已因其他摩擦而千疮百孔，而经济压力只是压垮它的最后一根稻草。我们必须对破坏婚姻、破坏合作的大敌——个人声望，保持警惕。经济困难如何影响个人声望？要想理解这个问题，我们必须进一步探究，那些表面上由于经济困难而产生的婚姻纠纷，其背后到底还有什么更深层次的原因。

## 挣钱养家的男人

对男女权利和义务的普遍观念会让人戴着有色眼镜来看待婚姻当中的财务问题。许多女人用男人（无论是丈夫，还是男朋友）花在她身上的金钱的数额来衡量自身的价值。

丈夫经济能力的下降，似乎对她的社会声望造成了无法容忍的伤害。任何伤害她的虚荣心、危及她的社会地位的男人，必定会遭到她的蔑视。接下来，争吵和相互指责便开始了。另一方面，男人通常认为自己的地位与收入有关，这种观念非常普遍——至少在经济大萧条之前是这样，以致任何挣不到足够多的钱的男人都被视为失败者。相比女人来说，男人更难忍受失业带来的困苦。丈夫失去工作或财富会很容易产生能力不足感，而且更加无法容忍家人损害他的声望，进而严重扰乱婚姻的平衡。

如果丈夫不能养家或没有足够的能力养家，那么要想维持和谐的婚姻关系，夫妻双方就需要有很大的勇气，尊重并维护对方的尊严。妻子往往会把丈夫赚不到钱视为他个人的缺点，视为他对妻子和家庭的忽视。从丈夫的角度来说，即使他的自尊会阻止他表现出羞耻感，他也会把这当成自己的不足之处。但是，他的行为清楚地表明，他想要弥补自己所谓的失败，可他的所作所为不仅帮不到他，还给别人造成了困扰。他可能会或主动或被动地表达抗议，躺在床上什么都不做；或者像一个专横的暴君一样，对家里其他成员发号施令。通常情况下，妻子根本不理解丈夫为什么会这样。丈夫越是不帮着分担家务，妻子就越愤怒。她认为如果丈夫不工作，那他更应该主动承担家务。但妻子没有意识到，在丈夫眼里，家务劳动是女人该干的事情，是没出息的，做家务只会加深他的羞耻感。此时，妻子的唠叨会让丈夫变得更加抵触。

如果男人能够认识到做家务并非低人一等，而女人也不认为养家糊口只是男人该做的事情，那么丈夫的失业就几乎不会造成任何家庭问题。如果丈夫是专业人士，情况就会有所不同，例如丈夫是艺术家、演员、作家、律师或科学家，他们的重要地位并不取决于他赚多少钱。在这些领域或类似领域的男人虽然赚钱少，但妻子依然会为丈夫感到骄傲，甚至会支持自己的丈夫。这一群体当中的女人和男人通常看不起那些只知道赚钱养家的男人。

"男人是家庭唯一的经济来源"这一观念的转变，可能会导致另一个新困境的出现。许多男人对妻子外出工作、赚钱的想法感到不满，并认为这是对他的羞辱。实际上，这是一场关于主导权和声望的博弈，这让许多男人并不支持妻子有自己的事业。对于一个想要有所贡献并追求自我价值的女性来说，克服这个障碍并不容易。无论是斗争还是屈服，都无济于事。争吵可能会导致婚姻破裂，即使妻子赢了，丈夫也会讨厌妻子的成功，在某些情况下，丈夫或许会在与妻子的竞争中变得沮丧、气馁，以至于自己的工作能力有所下降。如果妻子妥协的话，她可能会心生怨恨，并使自己的生活变得空虚；再或者，她可能会用其他方式来表达自己的独立，例如对不满的丈夫表现出反感。

夫妻之间的冲突并不妨碍他们达成某种令人满意的平衡。例如，许多有能力并渴望投身事业的女性会自愿放弃工作，这是因为她们意识到自己的追求对丈夫的事业发展不利。然而，这样的决定不能被视为屈服，这是在充分考虑并权衡利弊后做出的决定。如果女人对某项工作非常热衷，并决心好好去做，可她迫于丈夫的威胁或恐吓而最终放弃了这份工作，那么这种放弃就是无益的。妻子应该想办法既维护好婚姻，又能发展事业。这就要求妻子能够获得丈夫的支持。争吵、眼泪、威胁和指责都只会起到反作用。一个拥有事业的女性应该温和而坚定地让丈夫相信，就算她找到了施展自己才华的领域，丈夫也不会失去任何东西，包括他作为男人的优越性。

无论夫妻双方的冲突来自丈夫没有能力养家，还是来自丈夫希望成为家庭唯一的经济来源，上述原则都有效。要想避免婚姻陷入困境，我们就应该遵守这些原则。首先，妻子必须看到丈夫的难处，并帮助他解决问题。妻子需要给丈夫鼓励，即使丈夫试图扮演专横的统治者。如果丈夫阻止妻子拥有事业，这说明他很沮丧，担心将无法维持自己在家中的优势地位。如果妻子试图向丈夫证明他的要求是错误的，那结果只能适得其反，丈夫会更加坚信自己的质疑是正确的。每当出现声望危机、不信任或缺乏信心的问题时，摆逻辑、讲道理都无济于事。羞辱对方的结果就是自己也会被羞辱。只有表达真挚的感情和爱意，才能增强双方的归属感，为双方达成共识打好基础。在坦诚、信任的气氛中，最有争议的问题也能得到解决。当然，如果妻子不相信丈夫会同意自己出去工作，或者她觉得自己永远无法得到丈夫的理解，那么等待她的只会是争吵和失望。

## 妻子的战略地位

对伴侣的质疑，通常是基于无意识地想要证明自己的优越感，而这往往会带来不可避免的婚姻问题。假如丈夫是个酒鬼，妻子的忍耐和忠诚会赢得公众的同情和钦佩，可事实上，丈夫会变成这样也与她有关。通常情况下，有野心、有能力的女人会选择软弱、靠不住的丈夫。她想要引导和"拯救"自己的丈夫，并为此感到自豪，而实际上她的这种扬扬得意是建立在丈夫无能的基础上的。这种女人很难使任何男人变好。男人在女人的美德面前相形见绌，只能故意以他不当的行为来惩罚她，从而获得稍许的慰藉。他不会意识到，折磨妻子只会为她增添道德的光环。酒鬼的妻子往往具有典型的"殉道者"心理，自己越受苦，就越感觉自己高尚、神圣。

在这样的婚姻中，我们发现妻子有许多时刻是可以阻止丈夫酗酒的。只要妻子足够坚定，丈夫就能意识到自己行为的后果——失去妻子，而此时的丈夫仍然在意妻子，还没有被她的轻蔑和唠叨激怒。但是，每次争吵和威胁后，妻子都会妥协，相信丈夫的承诺，可她清楚这些承诺永远不会兑现。要想帮助酒鬼戒酒，首先需要改变他们的妻子。女人的高尚和男人的恶习相辅相成，这是一种典型的"殉道"。而夫妻间之所以会形成这种特殊的平衡，绝不仅仅是丈夫的过错。

尽管这听起来似乎是想把责任推到女性身上，但我们知道，对错从来都不只是单方面的。不幸的是，相比男性，女性在失败的婚姻中受到的伤害更多。她们对幸福婚姻的渴望，使她们对婚姻的破裂更加敏感，同时也被赋予更多的责任。事实上，相比丈夫的行为，婚姻的命运通常更多地取决于妻子的行为。几千年来，女性一直被教导要在家中相夫教子。女性"天生"对婚姻和家庭生活更感兴趣，除非在她们身上有着强烈的"男性抗议"。女性无论在过去还是现在都是被支配的性别，但她们也始终是"王座背后的力量"，即幕后的操纵者。女性受其地位的制约不能使用粗暴、直接的激进方式——这些方式只允许男人使用，而只能采用其他方法。女性像猫一样诡计多端，这弥补了其自身力量的不足。男人会随着女人的演奏起舞，反之则不然。这并不意味着女性需要的鼓励和帮助比男性少，只是女性更爱表达对受保护的需要，男性则会因自尊心作祟而拒绝这样做。通常，不管多强大的男人往往也像孩子一样，而再羸弱的女人也可以具有母亲般的说服力和影响力。这就是我们必须帮助女性主动管理丈夫，而不是等着男性学会将妻子视为平等同伴的原因。

当发生冲突时，我们具有带领伴侣一起实现共同目标的能力是很有必要的。冲突一直存在，因为我们不能指望两个人总有相同的欲望、兴趣、关注点，并享受相同的娱乐和消遣。在某些婚姻关系中，共同兴趣的领域很广泛；而另一些则很少有共同的兴趣。毫无疑问，如果夫妻双方的目标和兴趣广泛一致，那么双方会更容易保持共同参与的状态。但不管是兴趣一致还是不一致，双方都必须扩大自己的兴趣领域，以期与伴侣的教育背景、活动爱好和关注点更匹配。由于自己不喜欢就要求对方放弃以前的兴趣，是不可取的。相比一方的不喜欢，另一方的喜欢则显得更为重要，原本不喜欢的那一方如果克服了自己的厌恶，那么夫妻二人的一致性就会提高，而要求一方放弃原有的喜欢则会降低二人的一致性，并引起怨恨。从教育学角度看，这样的克服和改变会促进个人成长；从心理学角度看，这种克服能提升成就感和社会价值感。每个伴侣都应该准备好公正客观地看待对方喜欢的活动。如果伴侣认真地尝试了对方喜欢的活动，但结果证明它确实太难或太陌生，那么此时让他/她为了伴侣而放弃自己的这项活动，就会变得更容易。

目前我们的婚姻，更多地是由女性起主导作用，其中的原因不止一个——不仅因为她们所受的教育和沿袭下来的传统让她们更容易引导和影响男性，还因为当今的女性普遍比男性更有意愿拓宽自己的兴趣领域。如果丈夫是艺术家、科学家或从事特殊文化领域的工作，那么他通常会鼓励妻子对他的工作产生兴趣。如果他无法做到这一点，他的婚姻就注定会失败。但是，如今有太多的男人只对自己的生意和工作感兴趣，工作之外的兴趣也只限于政治以及与哥们儿吃喝玩乐。令人遗憾的是，对艺术、图书、音乐、心理学和其他文化活动的兴趣，正越来越成为女性的特权。很少有男人抱怨他们的妻子只知道待在家里而拒绝参加音乐会或参观艺术展览，但女性却经常这样抱怨待在家里的男人。

## 激发新的兴趣

夫妻中的一方若想让另一方参与他/她曾拒绝过的活动,那就必须首先征得他/她的同意,若是强行要求就会招致对方的反抗,从而导致互相怨恨和失望。一位女士抱怨她的丈夫只对看报纸感兴趣,根本不懂得如何欣赏一本好书。她说,有一天她给丈夫读了一本相当厚重的哲学入门书。她注意到他并没有认真听,于是她把那一页又重读了一遍,可是他却明显表现出不耐烦的样子,这让她很生气,她说她再也不会给他推荐任何书了。当妻子向丈夫介绍艺术或图书时,总是碰一鼻子灰,这不禁让人怀疑妻子并非完全没有过错,也不是她所认为的那样——丈夫缺乏兴趣爱好。相反,抱怨背后的潜台词是她的沾沾自喜,她对自己的优越感极为满意。此外,她的尝试在某种程度上使丈夫感到沮丧,并且伤害了他的自尊心,因为这表明丈夫需要妻子的帮助,以克服之前的教育经历带来的不足感。

这不是技巧问题,而是态度问题,也就是说态度决定成败。真正的爱和奉献、真诚的欣赏和尊重,会带来相互的满足和顺从。即使没有接受过心理学方面的培训,一个人若真正关心伴侣,他也能认识到丈夫为什么不愿在家里招待朋友或不去参加聚会。疲倦并不是真正的原因,如果是他感兴趣的社交，他就不会感到疲倦。比如让他去和朋友玩牌，他可能瞬间就变得活力四射，但除此之外的社交活动会让他感到"无聊"。或许他与这些客人没有共同语言，也不知道该怎么融入他们；或许他认为与这些人在一起实在是浪费时间，因为这样的活动没有什么收获。他可能是一个唯物主义者，认为物质上的成就是生命中唯一有价值的东西。或者他想要出类拔萃，虽然他在工作、家庭和那些欣赏他的同事中扮演着重要的角色，但是在更大的社交场合，他会感到不知所措。没有人特别关注他，而且他可能不具备其他人那样的社交技巧和智慧。

如果妻子真正同情、理解丈夫，她就会尝试安排一些能让他获得满足感、重拾信心的社交活动。或许她可以小心翼翼地尝试改变他的看法，并将他以前不熟悉的或者不认可的价值观引入他的生活。为什么与一本好书相比，丈夫更容易从家庭其乐融融的氛围、美味的饭菜中获得快乐，难道是因为他以前没有体验过吗？有人可能会说，他以前应该没有吃过如此美味的家常菜，但并非如此，他一定吃过。这样的说法是站不住脚的，因为如果按照这样的逻辑，他以前吃过家常菜，但都没那么美味，那么同样，我们可以说他以前读过书，也听过音乐，甚至可能很喜欢，但可能没有妻子喜欢的书和音乐好。他必须像喜欢妻子做的菜那样，学会欣赏她喜欢的音乐和书。

如果事实果真如此，那么妻子烹饪美食的目的就变成了想获得丈夫的认可，因为这样的认可能提升她的威望。如果妻子真的希望丈夫喜欢她所认为的"好书"，她可以让丈夫相信他的观点和意见对她很重要，可以帮她完善自己的感悟；或者她可以由衷地享受丈夫的陪伴，让他知道如果没有他的陪伴，她的享受会大打折扣。从根本上说，当她对丈夫发出提议时，这个提议必须能够真正增强他的自信，而不是削弱。

任何新事物起初都不容易被人接受，这很奇怪，也很令人困惑。一般来说，个人兴趣需要通过不断体验和训练才能形成。在给任何人的生活引入新体验时，如果起初没能让他感觉到这个体验是令人愉快的，那他就得花费更多的时间和精力来克服最初的这种厌恶感。如果妻子想要丈夫陪伴自己享受一场音乐会，而他以前又从未了解过古典音乐，那她就必须放慢脚步，给他一个接受的过程。她一定要慎重选择节目，还要考虑给予丈夫更多的激励。这应该不难，只要丈夫喜欢妻子的陪伴并愿意满足她的要求。但是，太多女性表现得高高在上，因为她们认为男性的商业世界不如艺术享受高级，所以大大降低了她们成功的机会。她们对丈夫抗拒高雅文化感到不满。她们非但不理解丈夫要做出改变就必须克服许多困难,反而对丈夫的担心和犹豫心生怨恨。因此,本应可以让双方都开心的一件事,现在反而成为争论的焦点——一方觉得,这是令人讨厌的负担;而另一方则觉得,这是对自己"权利"的无视。

虽然通常是妻子试图激发丈夫对文化的兴趣,但在某些情况下,丈夫对文化的兴趣更强烈,他希望和妻子分享他的兴趣,而对妻子来说,它可能是陌生的。一般来说,让女性对男性的爱好和活动产生兴趣,远比让男性对女性的爱好和活动产生兴趣要容易得多。当一个女人喜欢一个男人时,她会乐意跟随他,不会因为参加了一些被认为是男性应从事的活动而感到丢脸,比如球类或者田径运动。只有当丈夫因沉迷于他的爱好而忽略了妻子,并且不想分享他的快乐(例如集邮、手工艺、木工活以及其他"修修补补"的技术活)时,妻子才可能反感他的这些活动。

如果双方互不干涉,都表现出宽容和理解,那么即使一方不想另一方参与,另一方也能享受对方的快乐。因此,兴趣冲突的存在绝不是相互失望的根源,根源在于双方的合作遭到破坏、对彼此的兴趣消退。事实上,两人在同一领域甚至在工作中有强烈的共同兴趣,往往会导致更多的摩擦和冲突,尤其是在双方竞争加剧的情况下。也有结婚多年的夫妻生活得很幸福,他们在共同生活的过程中发展出许多相同的兴趣。他们一起体验生活，一起经历风雨，彼此拥有的愉快和不愉快的记忆，经历过的满足和担忧，都成为联结他们的牢固纽带。等他们上了年纪以后，他们不仅行为相似，甚至相貌看起来都很相似。这种融合不仅仅是多年习惯的结果，从更深、更广的层次来看，是因为他们喜欢从对方的角度看问题，习惯了喜欢或厌恶同样的事物。这些都可以通过他们生活中的大事小情体现出来。共同兴趣的形成是一个自然而然的过程，但这也意味着双方要做出真正的努力以消除生活中的各种冲突，从而每个人都能在闲暇之时有愉快的经历。

D夫人的案例很典型。他们夫妻之间发生了兴趣冲突，并对婚姻和谐产生了不利影响。D夫人是一位兴趣广泛、喜欢自由的年轻女性。她嫁给了她最好闺密的哥哥，因为她和闺密在兴趣爱好上一拍即合，所以她以为闺密的哥哥是跟闺密一样的人。在短暂的热恋期内，他非常贴心，D夫人也和他分享自己的爱好。在他去海外服兵役之前，他们结了婚。当他回来的时候，双方才真正熟悉与了解对方，可是，她渐渐开始失望。她发现他对古典音乐不感兴趣，只对轻音乐感兴趣，而且他的政治信仰与她和她家人的正好相反。她感觉很受伤，觉得自己被欺骗了。可是，她越是针对他不喜欢音乐会而和他争吵，越是指责他，他就越坚持己见。他们的争吵和摩擦很快影响了他们的性生活。她对此失去了兴趣，可他却要求更多，她觉得自己受到了性虐待，并拒绝回应他。她来寻求帮助时，已经在认真考虑离婚的事情了。

听完她的抱怨后，我建议与他们俩一起见个面。在接下来的三人会谈中，我看得出来丈夫很爱妻子，觉得自己很幸福，却不明白妻子为什么会觉得不幸福。他表示愿意做任何事情。但她坚称，他之前曾承诺过会与她好好相处，但那些承诺都未能兑现。他承认，他不知道为什么自己总是忍不住激怒她，明明很想顺从她的意愿，可就是做不到。

很明显，她的抱怨是有道理的。从逻辑层面看，确实是丈夫错了；但在心理层面，D夫人才是所有冲突的根源。她的怨恨、不满和施加给他的压力，是造成摩擦的真正原因，并危及了他们的婚姻。因为D夫人是关键人物，再加上丈夫愿意和睦相处，所以这段婚姻的命运完全取决于D夫人的态度，我便给了她建议："你才是那个真正需要帮助的人。"

仅仅几次咨询之后，情况就完全改变了。当她意识到自己在这场冲突中扮演的角色时，她便不再挑衅和怨恨丈夫。最先见到的成效就是他们的关系很快得到了改善，他们和好如初，对彼此充满深情。自从她再次做出性回应后，他不再要求那么多了。从那时起，她学会了以一种不同的方式与丈夫沟通。当他们再去听音乐会时，她完全可以理解丈夫坐在那里看完一个难懂的节目有多不容易，她不再与他争吵，也不再埋怨他不懂得欣赏音乐的美妙了。在讨论政治时，她鼓励丈夫表达自己的观点，并对丈夫的论点给予欣赏，而不再责备他的错误观点。她还认识到，就在她指责丈夫不够民主的同时，她自己无法容忍他的政治观点的做法其实也不够民主。可以预料，由于她对丈夫的理解和欣赏，丈夫的看法和品位也在逐渐改变，并慢慢向她靠拢。她之前粗暴和羞辱性的指责，才是令他为了自己的骄傲和自尊而保持反对态度的主要原因。

这段婚姻得以修复的决定性因素，是D夫人意识到只在逻辑上正确是不够的，她必须先接纳丈夫本来的样子，并且还要审视自己，考虑自己能做些什么，而不是一味地要求对方。

## 娱乐和社交活动

今天，我们比以往更加认识到娱乐对于平衡生活的重要性。善于利用业余时间，与找到一份合适的工作一样重要。如果我们不能合理地安排业余时间，我们就无法尽自己最大的努力工作，也无法履行对朋友和家人应尽的义务。每对夫妻的责任，不仅是要学会共同分担家务，还要学会一起享受生活。

然而，在当前痛苦加剧，处处存在摩擦和怨恨的时代，我们还能享受生活吗？当然可以，享受生活的方式有很多种，快乐也是多种多样的。快乐可以是喧闹的也可以是安静的，可以是热情的也可以是内敛的，不管什么类型的快乐，都代表着大家由衷的认同和接纳。不与对方作对的人，不把怨恨作为情绪基调的人，他们一定能够享受生活。他们可以享受性爱，享受在一起的时光，还可以各自做自己的事情。他们喜欢一起去不同的地方，喜欢发展新的兴趣爱好。但他们永远不会忘记，除了婚姻，每个人还各自归属于更大的群体——朋友、社会、国家、人类。

不管两个人在一起有多么幸福，如果他们联合起来共同对抗世上的其他人，那他们就会为此付出代价。一场以远离他人为基础的婚姻，可能会给夫妻双方带来极大的满足感；但如果其中一个人早逝，另一个人将无法融入社会生活中。如果他们有孩子，他们会想方设法不让孩子受外部世界的烦扰；就算他们成功地让孩子远离了外部世界，或者融入了世界，他们仍不可避免地会感到痛苦。两个人组成的这个亲密团体，必须融入一个更大的团体，这个更大的团体由双方各自的亲朋好友和所属的社会群体组成。就像工作和娱乐互为补充一样，家庭生活必须与和朋友交往、参加社会活动及联谊活动相辅相成，忽视其中任何一项都是有害的。

参加社会活动，拥有对宗教、艺术、科学、政治的兴趣，并不是夫妻不切实际的追求，而是代表他们在寻求比婚姻更大的归属感。任何一方想要与社会保持距离，都表明他对这个世界怀有敌意，并且缺乏社会兴趣。通过这些社会活动，我们可以在实际生活中或在精神上与其他人交融到一起，分享他们的想法和工作，成为整个人类的一部分。我们的婚姻也融入了整个人类进化的洪流。婚姻越融入这股洪流，就越能成为人类生活的一部分，婚姻的过程也就越稳定和可靠。不论是丈夫的还是妻子的朋友，都能在他们遭遇困境时提供巨大的帮助。夫妻共同的朋友不仅可以稳固婚姻生活的氛围，还可以缓解夫妻双方一起生活时遇到的不可避免的困难、失望、冲突和对立。

## 失望的真正原因

在具体的问题和冲突背后，通常是普遍的错误态度和错误观念。许多失望源自将过去的期望与现在的实际情况相比较。很不幸，人们对期望和现实的认识常常是错误的。我们很少对自己的期望有清晰的认识，而且经常误判自己所拥有的东西。实际上，我们所体验到的与自己所期望的相一致，只是没有认识到是自己的期望导致了目前的失望。我们把显意识中的愿望和潜意识里的期望混为一谈，当事情偏离我们的愿望时，我们不是责怪自己潜意识中的计划，而是归咎于自身之外的其他因素。我们都想获得和平与幸福，但我们是真的期待能够拥有它们吗？很少！因此，我们几乎没有为实现和平与幸福采取什么行动。

我们经常表现出来的是：一切都会出错，幸福是无法实现的。我们甚至不期望自己能采取正确的行动，因为我们不相信自己有足够的能力应对眼前的困难。我们不承认是自己造成了现有的问题和困难。我们觉得是别人在招惹我们，却没有意识到自己也招惹了他人。

只要保持信心和希望，我们就可以忍受失望和不满。但总有那么一刻，我们会觉得自己再也无法忍受了，觉得自己的内心出现了无法愈合的伤痕。其实，没有什么是无法愈合的。但内心的崩溃有时甚至体现在身体上，这会让人下决心退缩，拒绝继续与对方合作。实际上，此时的实际情况并不是真正的原因，它只是压垮骆驼的最后一根稻草，正如拉得太紧的皮筋最后断裂一样。对于还没有丧失勇气的人来说，问题的存在只是为了被解决，他永远不会有放弃的念头。他绝不允许自己离同伴越来越远。

我们的行为和态度不仅会影响我们的生活，还会影响周围人的行为。在美满的婚姻中，夫妻双方仅仅因为生活在一起，就能成为更好的自己；而在失败的婚姻中，伴侣则会激发对方最糟糕的品质，结果是彼此想在一起生活的念头逐渐消失。敌意、压抑和指责产生的破坏性影响，导致双方都不愿意承担责任，双方都没有安全感，并被激发出恼怒、惩罚和报复性行为。两个人都变成了对方所预料的样子，不幸的是，这种预料常常都是负面的。倒是有一点双方是一致的，那就是他们都认为对方是错的。

## 寻找解决方案

我们必须强调一点，以下说法并不是理论上的夸夸其谈，而是具有非常实际的意义。我们可以通过改变自己，来彻底改变我们的生活，以及周围人的态度。但请记住：要做出改变并不容易。我们只有认识到"改变从自我开始"的必要性，改变才会真正发生。太多人试图教育和改变伴侣，甚至有些人就是抱着改变对方的信念步入婚姻的！在共同生活的过程中，我们确实会相互影响、相互改变，但并不是刻意地去改变对方。只有通过自己的行为，我们才能影响和我们一起生活的人。

婚姻关系中发生的任何事情都反映了夫妻双方的互动。我们应该认识到这样一个事实，即"如果我改变自己的行为，他就不会继续他的行为了"，而不是持有这种想法，即"如果他愿意改变，我会很高兴采取不同的行动"。一个人的态度哪怕发生了最细微的改变，都会立即反映在对方的行为上。很多人根本没有意识到，其实我们拥有不可思议的敏感力和非凡的协调合作力。然而不幸的是，比起取悦他人，我们好像更懂得如何去斗争，如何去伤害他人。因此，我们在冲突和争吵中倒是更有成就感。在夫妻间的战争开始后，通常要花更多的时间和精力才能让双方变得愉快起来。在一段婚姻关系中，前期往往会存在某种程度的争吵、竞争、敌意和不信任，这需要夫妻双方互相体谅、共同努力，从而建立一种真正信任与和谐的氛围。

但这并不是说，大多数人都是坏的或怀有恶意的。几乎每个人都存在着善与恶的可能性，丈夫和妻子不仅可以激发对方善的一面，也有可能唤醒对方恶的一面。但他们对彼此又了解多少？他们同住在一个屋檐下，在同一张桌子上吃饭，睡在同一张床上，他们的一生通过共同的活动紧密地融合在一起，然而他们彼此知之甚少！每个人都知道对方的习惯（多半是令人讨厌的）、特点、偏好和易怒之处，却不知道这一切与更深层次的人格、期望、恐惧、对生活的看法和对自我的认知有什么关系。夫妻都能看出问题的表象，却意识不到问题出现的根源是什么。他们对彼此感到失望，而且希望消除对方的不良行为，却不愿意满足对方的真正需求。

奇怪的是，很多时候，当两个人分开后，反而比以前更了解彼此。摩擦、相互恐惧、家庭威望之争蒙蔽了他们的双眼，导致他们在互相指责的过程中，都试图为自己开脱。他们忽视或粗暴地对待伴侣的基本需求，只专注于捍卫自己的目的。他们指责对方时的说辞通常都是"正确的"，尽管双方的说法听上去相互矛盾，而究竟谁对谁错其实并不重要。每个人都认为自己是对的，对方是错的。关键是，如果我们真爱一个人，就不会在意他是对还是错。这就是为什么人们常说爱是盲目的。刚开始，爱人们会说："虽然你并不完美，但我爱你。我爱你，并愿意接受你真实的样子。"但之后，当我们的自尊和威望受到威胁时，我们就不再接受对方真实的样子了。当我们为自己的优越性而战时，我们会发现对方的缺点，并以此为理由结束两人的亲密关系。要想获得幸福的婚姻，对与错并不重要，重要的是我们能够接受对方的缺点和优点。

当不和谐和失望威胁到婚姻的存续，或者在一定程度上使婚姻变得不那么舒服和令人满意时，我们就必须做出改变了。任何改善的第一步都是接受现状，不管它多么令人不快，任何逃避都是徒劳的。正视问题，勇敢地面对问题，是走出困境的先决条件。但是我们要知道，这并不容易，因为我们总是会胆怯。而逃避永远不会有结果，用这种方式解决不了任何问题。当我们决定面对问题，鼓起勇气，认真思考

"我能做些什么来改善这种局面"时,我们就进入了正确的轨道。如果我们放弃"通过争吵和强制手段能解决问题"这个错觉,克服内心的怯懦,明白对方也处于痛苦之中,那我们就能找到解决方案。也许它一开始并不起作用,也许见效很慢,但随着我们洞察力的提高和自信心的增强,我们会变得更有勇气,我们也不再那么脆弱,我们的努力会越来越有效。

下面这个例子几乎具有所有婚姻冲突的典型特征。如果夫妻双方了解对方的潜在动机和目标,不怨恨和指责对方,而是寻找改变现状的机会,这些冲突就可以避免。即使出现了,也很容易解决。

M夫人来找我咨询,说有个问题原以为不算大事,但现在已经威胁到婚姻的存续。她刚结婚一年左右,和丈夫相处得很好。在性生活和社交方面,他们志趣相投,是彼此忠诚的伴侣。只是最近他们之间发生了一次分歧,而且严重到已经无法和睦生活,几乎影响了他们婚姻生活的方方面面。

她说,尽管她做了种种努力,但仍无法让M先生按时给她伙食费和家务费用。她不得不每周多次向他要钱,而且如果她不开口,他就会完全"忘记"给她钱。她找他谈话,恳求他,威胁他,但都无济于事。他们吵得越凶,他就越不给。她该怎么办呢？现在M先生开始指责她花钱大手大脚，说她上周应该有结余。"他每周就给我15美元，还让我存钱。我这么辛辛苦苦地省钱，还不是因为他给得太少。"她无法理解，丈夫在其他方面给她花钱都相当慷慨，为什么在生活费上却如此吝啬。

她能做些什么来避免对抗、争吵，避免总是因为这件事而屈辱地妥协？我们很容易理解她的困境。她根本存不下钱，甚至连一日三餐都安排不好。她不得不找人借钱，而这是她最厌恶的事情。可除了与他谈话，恳求和威胁他，她还能做什么？

讲到这里，有个关键之处。大多数家庭主妇可能都会像M夫人那样行事，由此也就错过了这个关键点。如果能够揣摩到这个想要当"老大"的男人的心理，她们就可以避免彻夜难眠的情况，也不用经历复杂曲折的过程，甚至都不用浪费那几小时、几天甚至几周的时间。很明显，从逻辑上看，M先生的行为的确不合理。他实在没有"权力"这么做，也没有任何合乎逻辑的理由能解释他的行为。但从心理学角度来分析，情况就不同了。他深爱着妻子，对她那么忠诚，以至于她可以随意支配他。她也是这样做的，除了生活费这件事情，而这是唯一能彰显他优势的地方，体现了他的家庭供养者身份。而且，在完全无意识的情况下，他想充分利用这一优势。他想体验那种被恳求的感觉。如果在每个星期刚开始时，他就毫不犹豫地给妻子生活费，那么即便是这一点权力也会被剥夺。因此，他宁愿被妻子指责，也不愿属于自己的权利被剥夺。他无法向妻子解释，因为他并不知道自己的心理动机。因此，当妻子指责他时，他只能给自己的做法寻找貌似合理的理由，回击和报复她，并反过来对妻子进行毫无根据的指责，这使得M夫人更加愤怒。因此，他们陷入僵局，婚姻差点破裂。

当M夫人了解完情况后，她立即放下怨恨，很容易就找到了解决问题的办法。首先，她不再因为向丈夫索要生活费未果而心存不满。她希望他快乐——如果停止抱怨能使他快乐，那为什么不这样做呢？一旦她的骄傲情绪消失，问题就变得很容易解决。尽管如此，仍存在一些困难，她还是不得不多次向他要钱，因为他每次都不会痛痛快快把钱给她。当临近还款日时，她会感觉更难，该怎么办？M夫人很聪明，她找到了一个简单的办法。她发现，如果她多要几次，她可以很容易地从丈夫那里得到100美元，这跟要15美元没什么区别，事实上他是个非常慷慨的人。这样，有几次她得到了100美元，这让她有了一笔储备金，在丈夫没有按时提供生活费的情况下可以解燃眉之急，而不再需要责备和争吵。

她从这次经历中获得的经验，比成功解决生活费这个问题更有意义。她发现他们夫妻之间真正的危机在于彼此相互竞争，他担心自己成为一个"傻瓜"，担心他的爱和付出会让他成为妻子的奴隶，而妻子更想要的是她的女王地位、她的野心和被宠爱的感觉。通过这场冲突，她知道了危及婚姻关系的更深层的原因，今后无论再遇到什么样的问题，她都有办法解决。

## 婚姻咨询服务

鉴于了解自己和伴侣并非易事，夫妻就有必要去咨询那些专业人士，让他们为夫妻两人的相互调整提供帮助。精神科医生也帮助"正常人"解决他们日常生活中的一些问题。精神病学不仅仅是诊断和治疗精神错乱的患者，还对轻微的心理失调的人进行分析，并得出关于人性的新认知。现如今，我们拥有理解人的个性和行为的知识和技术，这对理解正常个体（即普通人）的日常问题来说至关重要。只要我们需要对人类问题进行更深入的了解，精神病学的方法就会派上用场，有时甚至必不可少。如果夫妻两人真心希望走出困境，并努力纠正和改善现有的问题，他们就可以寻求精神病学者的帮助，即进行所谓的婚姻咨询。精神病学方面的培训使得非医务人员也能够提供此类服务。牧师、律师、教师、社会工作者——这些人在工作中都会遇到遭遇困境的人，因此他们都需要接受精神病学方面的培训。

然而，如果一个人因情绪沮丧和失望导致整个人格更深层次的紊乱，并出现情和神经障碍的症状，那么他就需要咨询精神科医生。建立婚姻咨询诊所，由精神科医生、社会工作者、心理学家和社会学家共同帮助陷入困境的个人和夫妻，为他们普及一些常识性的知识并给予适当的建议。[1] 这一比较新颖的想法符合心理学、社会卫生、公共福利和家庭服务的发展需求，但它可能会遭到各个领域的反对。这种诊所的诞生，一方面是由于人们日益认识到婚姻问题的普遍性和社会性；另一方面，为大众提供这一重要援助是大势所趋。建立婚姻咨询诊所是一种新的且具有冒险性质的尝试，可以预期，它将日益成为我们社会机构的重要组成部分。

## 离婚本身就是一个婚姻问题

然而，任何可行的建议、知识和指导，都不能防止婚姻出现紧张和敌对的状况，以至于想维持一段和谐的婚姻似乎是不可能的。不管我们是否认同离婚，不可否认的是，有时婚姻的存在不仅威胁到家庭的幸福，还威胁到大人和孩子的身心健康，离婚似乎是能够生存下去的唯一途径。另外，我们也必须承认，有些夫妻是不用离婚的，他们的问题通过寻

---

[1] 保罗·波佩诺博士是该领域的先驱，他于1930年在洛杉矶组织成立了家庭关系研究所，提供咨询服务，进行公共教育和研究。

求帮助并真诚地做出努力是可以解决的。在什么时间、什么情况下离婚是合理的，并无明确规定。一般来说，勇敢是很好的解决方案。有些人之所以想要离婚，是因为他们胆小懦弱，希望借此逃避服从、奉献和承担责任。而有些人宁愿维持痛苦而绝望的婚姻也不想离婚，是因为他们害怕独自面对生活，害怕承担照顾自己和孩子的责任。任何基于恐惧所做的决定都是危险的，只会增加痛苦和烦恼。

是否离婚要视情况而定。我们要拥有勇气和自信，这样才有助于我们解决问题。但这只是一方面，仅凭这一方面不能简单地做出决定，还必须考虑所有相关人员的利益。首先，如果有小孩的话，我们就要考虑孩子的利益。一个充满摩擦、耻辱、虐待和暴力的家庭，比单亲但氛围平和的家庭要糟糕得多。毋庸置疑，父母双方在抚养孩子方面都有一定的贡献，但家庭的和谐、慈爱与善意的氛围比其他任何东西都重要。每一个有责任感的人在结束一段婚姻之前都会深思熟虑。在做出任何重大决策之前，寻求专家的意见是很明智的做法，因为涉及个人利益和个人情绪时，人们通常很难做出正确的决断。

不可忽视的是，离婚本身就是一个婚姻问题，只有夫妻双方合作才能解决。在所有婚姻关系中，离婚是夫妻的最后一次合作，但对许多人来说，这也是他们结婚以来的第一次合作。如果夫妻没有认识到离婚是一项必须由双方合作来完成的共同任务，那么离婚程序很容易导致持续的争执、摩擦和痛苦。由此，即使婚姻本身已不复存在，双方之间的冲突也会持续很长时间，尤其是在有孩子的情况下。

尽管是否离婚的裁定权在法官手中，但法官很难了解所有的因素。禁止或允许离婚不应仅由法律来裁决，还要考虑导致摩擦和失望的社会和心理因素，忽视了这些因素的法规，在某些情况下必然会导致不公正。如果不对婚姻的情况进行彻底的了解，不充分分析相关人员的更深层次的心理问题，那么批准或拒绝离婚就是不可取的。似乎有一个解决方案，可以避免仅基于法律条文就批准或拒绝离婚所造成的可悲后果，那就是建立婚姻咨询制度，为个体提供帮助和自我检查的机会。夫妻双方都必须有权自行决定，是否愿意继续履行婚姻义务。有关婚姻的每一次合作，都离不开伴侣的意愿。

与现在相比，过去的人们更习惯于服从严格的规则，禁止离婚可以迫使两性接受现有的婚姻状况。由于夫妻没有机会分开，他们可能更倾向于接受命运，并在这个基础上尽力做到最好。在当今这个时代，个体拥有自由表达意愿的权利，因此，任何由外界强迫所做出的决策，都一定会增加紧张和反对情绪。如今，我们无法通过法律来禁止离婚，因为这样做所激发的怨恨情绪会加剧人们对伴侣、现行婚姻状况乃至整个婚姻制度的敌意。对于那些赞成通过制定严格的法律来禁止离婚的人来说，这种敌对情绪会让人们的行为很难如他们所愿。

在结束本章之前，我们必须讨论一下离婚后可能出现的一些问题。一旦获得自由，离婚者能重新回到单身未婚的状态吗？不能，因为他的自尊心可能已经受到了严重的伤害。在当今竞争激烈的生活模式中，个人的价值感取决于所谓的"成功"。任何被视为失败的事情都会反映到我们的整体价值观中。离婚常常被认为是人生的败笔，尤其是女性，更容易接受这个错误的评价标准。她们认为，离婚必然会导致安全感的缺失。然而，这样的感觉反映出她们对自己的怀疑，对得到保护的过分渴望，以及对他人的否认和鄙视的恐惧。结果，离婚就成了一种耻辱。许多离婚女性对自己的未来缺乏信心，并确信自己陷入了绝望的困境，她们要么完全放弃去寻找新的、更牢固的婚姻，要么寻求肤浅的、廉价的情感补偿。

如果她们能够正视自己之前的婚姻经历，那她们以后的婚姻之路就会更平坦。过去的经历，可以是恐惧的来源，也可以成为拥有更成熟的人生观和更强的理解力的基础。这一切都取决于我们从以往的错误中得出什么结论。我们对爱和性的态度，反映了我们对生活的总体看法；我们与异性的关系，体现了我们对世人的普遍态度。一个为自己的人生努力奋斗、积极为社会进步和发展做贡献的女人，即使离婚了，也一定能找到自己的人生定位。男人很少将离婚视为自己的失败和不幸，他们更愿意享受新的自由。男人（不是前妻或孩子）通常会最早从上一段婚姻的摩擦和失望中走出来，并充分把握住新的机会。

## 女性在社会中的地位

在众多针对女性的错误看法中，"离婚是女人的失败"只是其中之一。过去，社会对女性的态度严格到只将其完全局限在家庭的圈子里，不允许她们在家庭之外拥有地位、发挥作用。她们可以并且应该只关心一件事，那就是丈夫和孩子。对她们而言，离婚就是她们事业的终结。如今，这种态度虽然也很常见，但它非但不合理，实际上还是有害的。在一个父权制不再严格的社会中，如果女性仍然被教育要依赖丈夫和家庭，那么这会非常不利于她们的心理健康和情绪健康，还会降低她们在社会中能够起到的作用。在当前这个离婚率越来越高的社会中，这些女性不仅没有准备好面对离婚，还对遭遇婚姻失败的可能性深感恐惧，这种恐惧使她们变得紧张和忧虑，还削弱了她们预防婚姻失败的能力。她们无法认识到自己在家庭以外的作用，从而导致了其他更常见、更糟糕的后果。

越来越多的女性在更年期前后会情绪崩溃。许多医生倾向于将这一阶段的精神崩溃和情绪紊乱归因于内分泌系统的变化，就好像"生命的变化"只是腺体功能的生物学变化一样。经过对更年期抑郁症患者（其严重程度不等，从轻微抑郁倾向到精神病都有）的仔细研究和观察发现，致病的原因与其说是体内的生理平衡被打乱，不如说是这些患者的生活状况发生了变化。这些困扰多发生在曾经优秀的妻子和母亲身上，她们有一天突然发现自己在生活中没有了用武之地。她们的精神崩溃通常发生在孩子长大离家以后。祖母的角色并不能令她们感到满足，因为当代的父母不允许祖父母干涉他们的事务，还不允许孩子被祖母娇生惯养。丈夫在事业和社交活动中找到了自己的位置，再也不像刚结婚时那样能给予妻子很多的关心和关爱。妻子把大部分时间都花在了照顾孩子上。可现在，她有了大量的空闲时间，却不知道该怎么利用。当然，家务活还是要做的，但这项工作不再像以前那样重要和有意义。只是照顾自己和丈夫，况且还有那么完备的家用电器，她不需要在家里花费多少时间和精力，因此她开始考虑去找一份新工作。然而，她没有接受过任何培训，不具备担任重要职位的技能，因此她只能接受一个没有权力和责任的小职位，而这与她多年来在家里担任的女王角色形成鲜明的对比。

在这种处境中,这类女性不再对未来抱有希望,于是便彻底崩溃了。具有讽刺意味的是,她们往往是最优秀、最有能力的人。即便是那些接受过高等教育的女性,仍需要在家庭中扮演各种角色,这浪费了她们本可以在社会中发挥更大作用的能力。为使我们这一代的女性准备好在家庭之外也发挥作用,对父母、丈夫和妻子进行再教育就很有必要。当女性没有准备好从事家庭以外的重要工作时,她们的许多优秀素质就会因被忽视而浪费。社会失去了来自女性的宝贵贡献,她们自己也没有准备好应对任何可能导致自己失去生活地位的状况,包括离婚、孩子长大或者丈夫死亡。最后这一点具有特殊的意义,因为越来越多的女性活得比丈夫长久。首先,男性的平均寿命比女性短;其次,女性通常会嫁给比自己年长几岁的男性。随着医学的发展,人们认识到老年人的特殊生理和情感需求,建立了一个名为"老年病学"的新的医学专业。人们越来越意识到,女性只要还活着,就需要发挥作用,这必然涉及她们在家庭以外能够起到的作用。

对女性的职业重新定位很可能会导致她与丈夫乃至整个社会发生更多的冲突。但是,为了应对当前的婚姻问题,以及社会的不断变化所带来的各种问题,我们必须对自己的定位进行调整。

## Parenthood

### 第八章
# 为人父母

没有孩子的婚姻是完整的吗?这个问题的答案在很大程度上取决于当时的社会环境。现在在某些民族和文化群体中,仍存在这样的观念:没有孩子的婚姻缺乏意义,通常会以离婚收场。然而,人类的发展已经超越了这种"传宗接代"的观点,随着儿童死亡率的下降和人类寿命的延长,生育对于人类、国家和种族的繁衍已经变得不那么重要。一个社会的政治和文化观念比经济能力更能影响人们生孩子的意愿。

　　家庭的经济状况和子女数量之间的关系是复杂的。能够养得起很多孩子的家庭,孩子的数量通常比没有负担能力的家庭要少。有些夫妻会根据抚养孩子的能力来规划自己的生育。人们天生就具有生育子女的意愿,但周围的社会力量影响了人们的想法,因此人们要么不受约束地生育,要么控制生育,甚至不生育。

## 养育计划

人类借助于自己的能力，不断征服外部世界，这使得当今的人类在做决定前会先深思熟虑一番。我们必须认识到男女相互对立的社会倾向，它不但影响个人，还会使婚姻问题越来越复杂化。一方面，一些宗教教义和国家政策要求人们尽可能多地养育孩子。从政治角度讲，一些国家鼓励生育的社会逻辑是显而易见的。这些群体为了争取国家或民族的优势地位，需要养育大量后代，这样既可以争取更多的权益，也可以保证军队人员的数量。要弄清宗教方面的意义则比较困难。如今，大量生儿育女还有第三个因素，它与前两个因素完全不同，那就是现代人对于生育的无知和冷漠。

另一方面，我们还面临着各种限制生育的要求。所谓的责任感让很多已婚男女拒绝生孩子，因为他们认为自己无法为孩子提供他所需要的东西——经济保障、舒适的环境、稳定幸福的生活，以及美好的未来。他们对其他人在目前这个充满压力的时代还生育子女的做法表示质疑。这种看法或许是出于真正的责任感，并且符合马尔萨斯的思想[1]；但

---

1 托马斯·罗伯特·马尔萨斯，《人口论》（*An Essay on the Principle of Population*），约翰·默里出版社，伦敦，1817年。

也有可能是因为个人的懦弱和胆怯。勇敢的人能意识到自己拥有养育孩子的能力，而懦弱胆小的人甚至不敢保证自己能够生存下去。自私的念头通常会被责任感这个借口遮掩。相比成为家庭主妇，女性更愿意保持"少女形象"；相比把钱花在孩子身上，男人可能觉得积累财富更重要。也有人认为养育孩子就要牺牲自己的闲暇时间和行动自由。

无论是支持还是反对生育，这些理由都使得人们很难做出抉择，并无法判断孩子会对婚姻产生怎样的影响。要不要小孩在很大程度上由道德力量决定。因宗教信仰或民族自豪感而生育很多孩子的夫妻所面临的问题，与那些因粗心大意或酗酒而生育很多孩子的夫妻所面临的问题是不同的。另一方面，因为自私和恐惧决定不生育子女的夫妻，与因深爱彼此而决定不生育子女的夫妻也是不同的。无论是认真地为孩子着想，还是父母为自身考虑而避免生育子女，都会对婚姻产生实际的影响。

由于人类已经学会控制生育，因此一个明显的趋势就出现了，即后代的数量急剧下降。此外，随着女性的解放，婚姻的整个意义也发生了变化。伴侣的意义在很大程度上已经取代了为人父母的意义，即使没有"爱的结晶"，爱仍然有意义。性不再只是促进物种繁衍的手段。这表明，人类的性行为不再受生理上的强迫。性的功能已经从完成生殖繁衍的肉欲冲动，转变成为实现个人满足而进行的人性行为。爱将两个人凝聚在一起，他们共同奋斗，生养孩子只是婚姻的一个功能而已。除了为人父母，为人夫、为人妻对彼此也很有意义。

## 孩子的作用

然而，有一点和以前一样，为人父母依然是给个体的生命注入了新的内容，并明显改变了每个人的生活。一旦为人父母，每个人都会超越作为个体的局限性，将自己扩展为一个"大我"，这个"大我"既是自我，又不仅仅是自我。为人父母会使夫妻之间的团结感更进一步，这是其他任何关系的归属感都无法比拟的。如果是有意愿、有计划地把孩子带到这个世界上，那便是对社会归属感的最深切的表达。它不言而喻地表明我们愿意完全接受自己的义务，为人类进步尽最大的努力。拥有强烈的责任感，并愿意照顾他人的人，很少逃避生儿育女的责任。对生活的热爱和对未来的期待，很容易激发人类生育孩子的欲望。因为通过养育孩子，我们不仅为自己，还为人类做出了贡献——下一代。

人性中有一种征服死亡的欲望，一种对永恒的渴望。同样，在工作和贡献、发明和创造中，我们也努力追求在精神上的求存——渴望生命不朽。通过孩子，我们确实实现了这种延续。很少有人意识到我们这一代人是如何通过工作和生儿育女来充实我们的生命，并让自己的人生更有意义的。工作和孩子能彰显我们的存在感，意味着我们能够克服个体的局限性。人类越是能摆脱身体上的局限，就越不重视自己的肉体是否永存。因此，我们的工作、后代——包括收养的孩子——发挥着一个作用：通过他们，作为人类个体，我们在精神上获得了延续。

我们还必须认清生育孩子的另一个动机。有时，父母想要孩子是为了继续他们自己的人生，完成他们自己没有完成的目标。对这样的父母来说，生孩子不体现社会归属感，也不是为了对社会尽义务。这类父母不想为人类做贡献，只想要孩子成为自己的"同伙"，替他们对抗"命运"、对抗"世界"。他们与孩子的关系反映了他们对世界的敌意。这类父母没有认识到，孩子也是独立的个体。除非孩子完全服从他们的要求，并接受自己的存在是为了实现父母的野心和欲望，否则对他们来说，孩子就没有任何价值。处于这种角色中的孩子，在父母眼中就像小狗或其他宠物的替代品一样，其存在只是为了满足父母的优越感、虚荣心或感官欲望。

孩子是独立的人，而不是为了父母的利益而存在——

对于持这一观念的父母来说，孩子就是他们无尽的快乐和满足的源泉。和没有孩子的人相比，这样的父母生活会更加丰富，兴趣也更广泛。不过前提是父母不能沦为孩子的奴隶，不能把孩子捧为"小皇帝"。生养孩子会改变男人，以前只对工作、电影、酒吧或赌博感兴趣的他，可能会开始关注服务机构、公共卫生法规和教育设施。此外，参与孩子成长过程的父母，会从中有所收获，并有利于保持年轻的心态。前提是他们不与孩子竞争，否则他们会怨恨是孩子的成长使他们变得越来越老，通常母亲在这方面特别敏感。

当评价孩子在婚姻中的作用时，我们必须牢记一个亘古不变的真理，即一切事物都有两面性。孩子既可以成为夫妻之间的纽带，也可以成为双方矛盾的根源。这完全取决于夫妻是将孩子视为共同的财富，还是将孩子视为双方矛盾冲突的焦点。养育孩子对父母来说是巨大的责任，是一项非常艰巨的任务，当然，将责任推给别人也是很容易的一件事。在养育孩子的过程中会不可避免地遇到很多困难，这时我们必须认清哪些因素会阻碍双方的分担与合作。如果父母双方都意识到"这是我们共同的问题"，且在抚养孩子方面齐心协力，那么他们就会发现孩子对他们的婚姻来说意义重大，还能认识到结婚更深层次的目的。唯有这样，夫妻双方才会有深深的满足感，而不仅是通过生儿育女来弥补婚姻中无法避免的危险和担忧。

有些生育问题在我们这个时代已经不多见了。大家庭（子女众多）曾经是社会的主流，现在已经很少见到，尤其在城市里，普通家庭一般只有一两个孩子，很少有三个孩子的，三个以上孩子的家庭更是少之又少。在这些小家庭中，父母发现他们很难恰当地教育孩子，也很难帮助他们完成社会角色的调整。而在以前的大家庭中，孩子们会在一个自然形成的群体中长大，他们之间相互影响。母亲根本无暇顾及某个孩子，她必须为所有的孩子制定一些基本规则。但在孩子较少的家庭中，孩子与父母的接触更多，父母不恰当的技巧和态度会产生深远的影响，因为家庭中没有别人能弥补父母的教育缺陷。[1]

## 父亲的作用

在讨论家庭教育问题之前，我们必须弄清楚父亲和母亲对孩子的不同影响。父亲、母亲这两个性别各自扮演不同的社会角色，这一事实的重要性在前面的章节就已强调过。

---

1 "家庭是培养孩子的勇气，教会孩子勇敢尝试、从失败中学习、保持客观的观点并学会与人合作的最初始也最重要的温床。" 舒伯斯和戈登伯格，《适应不良儿童的矫正治疗》（*Corrective Treatment for Maladjusted Children*），哈珀兄弟出版公司，纽约，1942年。

父亲在孩子的教育中扮演着特殊的角色。他应该是男人的榜样，展示男性在生活中该有的样子。父亲在家中的地位，很大程度上由家庭中占主导地位的社会文化观念决定。在男人被视为优势群体的社会文化中，父亲代表权力和力量。对于在这样的家庭长大的孩子来说，男性天生就具有力量，且高效、强悍。这样的男性形象，虽然在当今美国的许多家庭里已不复存在，但在世界的大部分地区仍很普遍。在我们的文化中，男性通常嗓门更大、身材更高，而女性通常也会选择比自己高大、强壮的男人做伴侣，这更加突出了占主导地位的男性形象。赚钱养家的通常也是男人，这一事实赋予了他一定的权利，并成为他有价值的象征。此外，由于父亲通常有工作或者做生意，因此在工作和生意方面，他的言辞和判断能力会对孩子产生鼓励或劝诫的作用。在职工作的父亲能够陪伴孩子的时间有限，可这并不会削弱，反而会增加他的重要性。孩子会很期待与父亲共度的短暂时光。只要母亲不使孩子与父亲产生对立心理，孩子会非常认真地听取父亲的建议和意见。

尽管父亲对孩子有着显著的影响，但男性普遍认为，他们不应该干涉孩子的教育，这应该是母亲的专属任务。父亲的这种退缩有多种心理因素。首先，我们可以说，虽然父亲在养育孩子方面常常有一种不足感，但他们也对母亲的能力持怀疑态度，很少真心尊重母亲养育孩子的能力。因此，父亲的退缩是一种手段，目的是当母亲犯错时自己有权将责任归咎于她。丈夫退缩的第二个原因是害怕被责备，害怕被指责说自己对教育一无所知，但他们的妻子其实也并不一定知道得更多。不可否认，母亲会花更多时间陪伴孩子，细心呵护孩子，她们是孩子生命中最重要的角色。这解释了父亲那种事不关己的态度，但并不能说明这种态度就是合理的。孩子需要父亲的影响。任何一个父亲，只要认为孩子的幸福比自己的声望重要，都会想方设法帮助母亲完成抚养孩子的艰巨任务。

## 母亲的作用

在所有的社会文化体系中，母亲的作用几乎都是相同的。如果母亲和孩子之间与生俱来的亲密关系受到干扰，那么产生这一结果的原因应该在于母亲，而不在于家庭之外的文化环境或经济条件的影响。因为通常情况下，母亲是第一个关心、照顾新生儿的人：她小心翼翼地呵护着这个小小的生命，并在孩子出生后的几周里与孩子形影不离，满足他所有的迫切需求。孩子的一举一动，对母亲来说都是至关重要的。

女性早期的成长与教育经历，如儿时的游戏（玩偶、过家家）和别人灌输给她们的观念等，令她们有一种被称为"母性本能"的态度，这激发女性尽可能承担起母亲的角色。如果她们充分利用这个本能，不抗拒自己的女性角色，那么她们就很容易与孩子建立起亲密的联系。只要母亲不去破坏这种自然关系的发展，她会发现每个孩子都天生倾向于亲近母亲。即使母亲陪伴孩子的时间有限，她也能维持这种亲密关系。重要的不是陪伴时间的长短，而是如何建设性地利用陪伴时间。如果母亲能成为孩子的好朋友，肯花心思理解孩子，作为坚定忠诚的伙伴站在孩子的一边，那就没有什么能削减她对孩子的影响力。如果在任何情况下，母亲都能表现出非常爱孩子，那么即便有一些不尽如人意的地方，孩子也仍然会非常尊重母亲。

## 母亲的不足

诗人和艺术家以极大的热情赞美和歌颂的母亲这一形象，与当今精神病学家和教育家观察到的真实母亲形象形成鲜明的对比。令人震惊的数据表明，母亲也是孩子适应不良和痛苦的根源。在目前的社会文化中，母亲们需要拥有近乎超人的特质。母爱已不再像古诗中所赞美的那样美好，有时甚至会成为邪恶的武器。在母爱的名义和伪装下，气馁、沮丧和敌对的女人，可能会变得自私、恐惧和霸道，并且还要求得到赞美。

但是，责备母亲是没有意义的，因为她们自己也是受害者。如今的女性正为争取自身的权利而斗争，她们害怕低人一等。她们对自己与男性的关系及婚姻经历深感失望，因为在我们的文化中，女性尚未赢得与其天赋和能力相匹配的地位。有人说，与男性相比，女性总体来说并不"成熟"，情绪不够稳定，精神或道德上比较幼稚或发展不充分，其实这样的观点是极其荒谬的。有人说，女性缺乏抽象思维能力，实际上这种说法是对抽象思维能力的夸大。还有人说，女性对自身的"有用性"充满渴望，这种观点实际上是为了让女性为男性提供服务，是几个世代以来，人们针对女性作为受到限制的低等性别所形成的一种观念。因此，总的来说，女性更倾向于感知真实的价值，没那么容易受虚假、浮华的事物的影响，而男性很容易被这些事物影响。那么，为什么与上几辈人相比，如今有这么多失败的母亲呢？

母子关系的恶化背后是整个社会人际关系的明显恶化。如今的人们几乎没有为团结协作做好准备。我们无须惊讶地发现，越来越少的女性做好了承担母亲这一角色的准备，而这种准备需要女性培养出充足的社会兴趣。

一个只关心自己而不关心孩子的母亲，绝对不是个好母亲。这样的母亲之所以关心和爱护孩子，与其说是为了孩子的健康和成长，不如说是关心她自己的期望和要求是否能满足。孩子可以赋予婚姻新的意义，婚姻涉及家庭几个成员之间的关系，但永远不能期望它成为某个人生活的全部意义。然而，这恰恰是一些对生活感到失望、与丈夫疏远的女性对孩子抱有的期望。她们希望孩子完全属于她们，并成为她们原本空虚生活的目标和意义。这种态度是对孩子的爱吗？不是。这是利用孩子对她们的空虚生活进行补偿，要求孩子满足她们的需求。

抱有这种态度的女人还没有在社会群体中找到自己的位置。她可能认为，自己只为孩子而活，可实际上她是在让孩子替她履行社会赋予她的其他义务。社交、工作和异性都因为这种独特的"爱"而变得毫无意义。很多女人认为孩子能提高自己的声望。某些女人还试图用孩子来获得其他女性的关注和钦佩。更有甚者，有的孩子成为母亲支配的对象。孩子在成长过程中不得不适应母亲的个人生活方式。在孩子眼中，生活充满了危险，只有母爱才能保护他。母亲以"爱"为借口，向孩子传递恐惧的情绪，为的是对他加以支配，她的纵容和溺爱使孩子受到完全的控制，从而完全依赖于她。因为母亲自身的不安全感和对他人的不信任感，所以她想让自己成为孩子唯一信赖的人。

在一段时间内，孩子可能会很愿意受到这种过度保护，但迟早两人会发生冲突。例如，当第二个孩子出生后，母亲转而把自己的关注点全部放在了新生儿身上，这时冲突可能就会发生。第一个孩子会感到自己以前获得的关注都被抢走了。即便这个阶段没有发生亲子冲突，那么等到孩子必须去上学，结识同龄的孩子时，冲突也不可避免。幸运的是，目前的学校系统为娇生惯养的孩子提供了许多帮助，使他们更好地适应社会环境，并培养他们的勇气、独立性和社会归属感。但是，这一切并不能消除孩子与母亲的冲突。母亲要么成功地让孩子贴近自己，使他永远不能适应社会群体；要么孩子获得了独立，公开抗拒母亲的恐惧感和支配欲。

## 育儿的常见误区

纵容和溺爱孩子是无法避免摩擦的，它只会导致斗争。在爱与柔情的表面之下，我们总能发现公开或隐藏的敌意。在这些"慈爱"的父母中，很少有人能意识到他们和孩子之间的敌意，也不知道他们卷入了一场可怕的战争。孩子所有的行为问题都是由敌意引起的。对于母亲来说，意识到这一点很难，她无法理解孩子为什么会怨恨她，因为她坚信自己给了孩子一切，并且深深地爱着他。然而，当孩子渐渐脱离母亲的控制，变得越来越独立时，有多少母亲内心崩溃了？特别是当孩子进入青春期后，这种悲剧会不断发生，因为这个时候，孩子要么真正长大，要么成为彻底的失败者，母亲和孩子将彼此视为敌人。

在保护和支配孩子的过程中，不只是母亲，许多父亲也试图证明自己的优越性，而这种优越性正受到当今社会状况的严重威胁。敌意一旦产生，家庭氛围也就不再和谐。在一个不和谐又充满敌意的家庭里，孩子的缺点实际上也会被放大。孩子的过错成为父母相互指责的根源，成为他们社会适应能力不足的借口，也成为彼此表达敌意的理由。敌意甚至可能在孩子出生时就有了。幸运的是，自从人类掌握了避孕技术，不得已生育孩子的家庭越来越少，孩子的降临是父母自主选择的结果。然而，父母与孩子之间的摩擦、家庭内部的战争，都降低了父母因生育孩子而获得的满足感。

也难怪父母在抚育孩子方面经常失败，这毕竟是婚姻生活中最艰巨的任务之一。抚育孩子是一门艺术，涉及的人必须经过专门的培训，但是父母当中又有多少人接受过专门的培训呢？他们对教育又了解多少？更糟糕的是，就连他们所知道的那点儿知识也往往是错误的，甚至是有害的。没有经过正式培训的鞋匠，不会冒险开一家修鞋店。但父母们常常在几乎没有任何准备的情况下就开始了养育孩子的过程，而他们得到的唯一训练就是从自己父母那里学来的经验。

具有讽刺意味的是，许多新手父母试图模仿自己父母当年的做法，却全然忘记了当他们自己还是孩子时，因为父母不恰当的教育方法而遭受了多少痛苦。如果一个父亲小时候挨过打，他会更倾向于打自己的孩子。他完全忘记了自己小时候被打时的屈辱，忘记了在父母的巴掌或棍棒下日益增长的仇恨和反抗情绪。这就是为什么很难让父母相信他们的教育方法是错误的、不成功的，甚至是有害的。每位家长的做法，都是对前几代人做法的模仿和延续。任何试图影响某个具体家庭的教育方式的尝试，都面临着代代相传的传统教育观念的铜墙铁壁。这种精神传承的力量比任何物质传承都更强大、更具决定性。某些国家或民族之所以拥有某种特征，很可能并不是基于生物学上的遗传，而是基于该群体中代代相传的教育方法。

打破这个传统的怪圈确实很难。让我们来想想打孩子这个简单粗暴的传统教育方法，如果孩子的行为不符合成人的期望——他做了"错事"——就会挨打，那这样做会对孩子产生什么影响呢？事实上，这些残酷而可怕的经历会扭曲孩子的性格，使他不再相信人的善良和友爱，不再信任同伴。挨打的孩子在反抗的过程中，可能会再次挨打，遭受身体和精神上的双重打击。另一方面，即使被打屁股的孩子保持了勇气和社会兴趣，成年以后，他也会小心翼翼地避免任何可能受到伤害的情况。他会培养出"力量"和"坚韧"，变得刻板而冷酷，这就是他成为强壮能干的人所付出的巨大代价。他会选择惩罚而不是妥协，这使得他与亲朋好友和孩子的感情日益疏远。

但长期以来，打屁股都被认为是教育孩子的适当方法，如今大多数父母仍这样认为。即使有些父母心里也知道，打屁股意味着耻辱和侵犯他人的尊严，但在实际生活中，他们还是会诉诸这种侮辱性的方式来维持自己的优越性，并以"情绪无法控制"和"紧张不安"为由，为这种做法开脱。打屁股是过去那些几乎没有人格尊严和人权概念的时代遗留下来的陋习，是家庭中形成民主、和平与合作氛围的最大障碍之一。

教育问题与夫妻共同生活中的其他问题并没有什么区别。教育的过程可以揭示一个人总体的生活观和人生观。因此，家庭氛围成为教育孩子的一个非常重要的因素。孩子的所有缺点和错误都可以追溯至家庭成员在相处时使用的错误方法。只有当家庭成员都遵守人际关系的规则时，孩子才能为未来的生活做好充分的准备。因为家庭是孩子接触的第一个社会群体和社会单位，所以对他来说，家庭是社会生活的总体写照，孩子如何看待社会生活，完全取决于家庭是否贴切而真实地描绘了外部世界。良好的家庭氛围将促进孩子形成正确的人生态度，当他面对外部世界时，一定会根据他在家里获得的经验和观念来解读这个世界。

不幸的是，当今家庭内部关系与外面的社会人际关系很难一致。我们的孩子——特别是当家里孩子较少时——通常会受到过度保护，变得以自我为中心。在成人的世界里，孩子与成人的关系并不平等，而是要依附于成人。孩子几乎没有机会发挥作用，为家庭做出贡献，并靠自己取得一定的家庭地位。如今，孩子寻求被接纳的方式就是要求他人为他提供服务、给他礼物或至少给予他关注。对孩子来说，获得东西能体现自己的重要性，至于他们能做什么倒没那么重要。这种与人相处的原则，与前面讨论的与人合作的规则相矛盾。

父母越是按照合作规则行事，就越能正确地抚育孩子。孩子可以自发地调整自己适应正确的行为方式，因为他对周围的事物有着敏锐的理解力，知道一个人如何行事才能与别人和睦相处。父母经常对自己使用一套规则，而对孩子采用另一套完全不同的规则。如果孩子撒谎，父母会非常愤怒。他们不知道孩子为什么会这样，觉得孩子在欺骗他们，却完全忘记了自己也曾公开地向邻居撒谎，甚至让孩子帮自己一起撒谎。他们希望孩子勤奋，却经常抱怨自己的工作辛苦。

他们对孩子"说脏话"感到吃惊，并质问孩子从哪里学会这么说话的，却不知孩子只是在模仿和重复从他们那里听来的话。如果母亲要求孩子"表现够好"，才履行自己作为母亲的职责，那么当孩子对母亲说出"如果你对我不好，我就不打扫我的房间"时，又有什么大惊小怪的呢？但是，要求苛刻的母亲往往会被孩子这样的话语震惊到。

父母很难意识到孩子也是跟他们一样的人。父母不仅要求自己拥有扰乱社会秩序和破坏归属感的特权，而且往往给予孩子这种其他人所没有的特权。压制是一种灾难，放纵更是一种灾难。只有建立良好的家庭规则，而且这个规则要对父母和孩子同样适用，才能培养孩子辨别是非的能力。如果一个家庭受到了有力且公正的道德规则的约束，那么父母不需要任何特殊的教育技巧，孩子也愿意做出自己的贡献，并对自己的力量和能力充满信心，进而成为社会的栋梁。

有这种氛围的家庭在哪里呢？这种勇敢且具有合作精神的父母又在哪里呢？如前所述，这样的家庭和父母在我们这个时代很难找到。深深的不安全感和对自身声望的过度关注，阻碍了我们成为最优秀的人，同样也阻碍了我们成为最棒的父母。

我们无法指望当父母面对自己的孩子时，能采取比面对其他竞争对手更合作的态度。就好像期望自己的家庭能比社会更和睦一样，这都是愚蠢的想法。如果有足够的社会感，无论是在家庭里还是社会中，我们都能找到和睦相处的方法；可如果没有社会感，在哪里都会碰壁。孩子与其他人没有什么不同，他们可以和工作中的竞争对手一样，威胁到父母的声望，或许更甚，因为父母很容易受到孩子敌对情绪的影响。父母以为，他们的爱或放纵可以换来孩子对自己的屈服。他们以为，只凭着父母的身份就能要求孩子接受管教并服从。他们认为孩子的任何反抗和不服从都是对自己的伤害和侮辱，是对"父母命，不可违"这一观念的令人切齿的亵渎。父母越是把自己的意志强加给孩子，就越无法赢得孩子的合作，他们的失望感也就越强。父母为生活感到懊恼和痛苦，然后把这种失望带回家，再通过孩子将其还给世界。

## 对待孩子的正确方法

因此，我们有必要制定一些养育孩子的规则。父母也需要指导，因为他们的生活模式并不能确保孩子能全面健康发展。要在这里讨论具体的家庭教育方法是不现实的。然而，在"共同生活"这一章中，我们曾提到几个原则，其中包含了许多恰当的方法。第一个基本原则是理解和尊重人格尊严。在与孩子打交道时，成人必须既维护自己的尊严，也维护孩子的尊严。忽视自身的尊严意味着放纵，忽视孩子的尊严则意味着压制，两者都会破坏合作，造就暴君与奴仆般的关系。

另一个原则是：不斗争，不妥协。出于家庭教育的目的，我们还必须加上"让孩子接受秩序"和"鼓励孩子"这两个原则，不斗争、维持秩序、经常鼓励孩子，这三个原则本质上是相辅相成、缺一不可的。如果父母总是和孩子发生战争，就无法让孩子遵守规则，长此以往，孩子就会感到气馁。另外，如果父母不能坚持要求孩子遵守规则，也必然会导致战争，这是因为一个不遵守规则的孩子会迫使父母与他斗争。

很多父母根本不相信孩子可以在不受强迫和压制的环境下成长。"不打不成器"是对人性不信任的一种典型表现。这种观点认为，人性可以被驯化，只有通过强制的方式才能让人服从与配合。我们需要让这样的父母相信，当他们用殴打的方式教育孩子时，他们自己也不可避免地成为失败者。孩子的优势太明显了——他太知道如何对付父母了，远远胜于父母知道如何对付他。孩子会把很多时间都花费在观察周围的生活环境上，他对父母的弱点了如指掌。孩子很善于想象，能发明数百种对抗方式，而死板的成人却只来回使用那三四种方法，而且这些方法大多是无效的。孩子清楚地知道自己想得到什么，而父母尽管不停地抵抗，但到最后还是会被打败。

很明显，跟孩子斗争是无用的。所有羞辱的手段——大声呵斥、责骂和打屁股——即使有效，也只是暂时的。孩子一有机会就会反击。父母每取得一次表面上的胜利，孩子至少都要赢回十次真正的胜利。不服从是人的天性。但是，如果父母和孩子之间建立了友好的关系，能够互相理解，事情就会变得非常简单！其实每个孩子都对善意很敏感，对坚定的态度同样敏感。而有些孩子之所以不回应父母的善意和坚定，是因为他们已经被训练得认为如果父母不动手，他就不必当回事。

玛丽正在院子里玩耍，这时妈妈喊道："玛丽，过来！"玛丽继续玩，好像根本没听见一样。妈妈又叫了一次，玛丽还是没有反应。一位朋友刚好路过，听到玛丽母亲喊了好几次，便走近玛丽问她是否听见妈妈喊她了。"哦，我听到了！"她平静地回答，然后继续玩。这位朋友有些生气，问："那你为什么不过去呢？"玛丽淡定地回答："哦，我还能再玩一会儿，妈妈还没有冲我吼呢！"

可悲的是，许多父母——包括最优秀的父母在内——并没有认识到规则的重要性。他们发自内心地爱着孩子，避免让他承受任何失望或痛苦。他们想让孩子生活得幸福，因此不愿用任何秩序和规则来限制孩子。孩子想要什么，他们都给予满足。父母希望孩子长大后能自动学会理解他人，行为更加理智，然而他们完全错了！一旦孩子认识到自己的欲望是无所不能的，任何妨碍他实现欲望的尝试无论是来自父母还是老师，都会被他视为是不公正的行为。他认为父母和老师是要剥夺他与生俱来的特权，并将他人的行为解释为对自己的否定和羞辱。过度保护和放纵永远不能赢得孩子，也永远无法让孩子学会合作和勇敢。父母的放纵其实是剥夺了孩子体验规则与秩序的权利，也剥夺了他在帮助自己和他人的过程中体验自己能力的机会。放纵非但不能预防不快经历的发生，反而会使孩子遭受更多的痛苦。这不是在帮助孩子，而是害了孩子，不仅如此，对孩子的纵容也必然会导致可怕的争斗和摩擦。

纵容孩子往往是出于对自由的错误理解。给孩子自由和自我表达的机会是很有必要的，但没有秩序的自由是不可能的。反过来讲，没有自由的永久秩序也不存在。在某些文化中，秩序观念被无限夸大，以致孩子任何自我表达的机会都被剥夺了。严格的规则和立即服从是教育的主要目标。这种教育导致的后果，与压制和屈辱带来的后果是相同的。这种方式也许能让人获得坚韧、力量和成功，但人际关系会受到严重损害。此外，对自由的另一种常见误解也会给人际关系带来损害。自由并不代表着可以为所欲为，因为这样的自由意味着把自己的意愿强加于他人，侵犯他人自由的权利。如果每个人都随心所欲，不顾周围人的感受，那么就没有人可以享受自由了，结果只能陷入无秩序的混乱中。一个人的自由和特权，根本不能称为自由，它实际上是专制或独裁。父母以给予孩子自由为借口，使得孩子成为不快乐的"独裁者"，这样的孩子无法与其他孩子和睦相处，总是觉得其他人都跟自己对着干，都不服从自己的规则。

在成长过程中，许多孩子形成了独特的反规则的意识。对他们来说，最不情愿的事就是遵守规则。孩子必须学会认识到，遵守规则对他们是大有裨益的。而要让孩子认识到这一点其实并不难。当孩子拒绝服从家庭生活的规则时，父母可以帮助孩子更好地理解遵守规则意味着什么。其实有很多方法可以让孩子了解规则的真正意义。比如，如果家庭中的每个成员都同意，在这一天当中每个人都可以做自己最喜欢的事，那么孩子也会欣然接受这一提议。很快孩子就会发现，如果父母在某段时间里只做自己最喜欢的事情，他就会失去很多，而得到的却很少，比如没人准备饭菜，没人铺床，没人洗衣服，等等。显然，规则不能只服务于某个人的利益，而要服务于所有人的利益。自由，就是在不侵犯他人自由的前提下，可以独立行事。

现在让我们谈谈第三条原则，也是最重要的原则：孩子需要不断被鼓励。孩子需要鼓励，就像植物需要水一样。但是，我们现在的育儿方法却让孩子充满了挫败感。纵容和压制会给孩子带来无数的沮丧体验。这是由于父母太胆小了，总认为危险无处不在，而且他们对自己毫无信心，也就不相信孩子能自己照顾好自己。他们没有意识到孩子的潜力，而是在体型和能力上，拿自己和孩子进行对比，并得出结论：孩子的能力比他们低得多。可实际上，孩子身体上和心理上的能力往往比父母认为的要强得多。父母对孩子潜能的怀疑是代代相传的，这使得成人的潜力一生都得不到开发，更别说充分利用了。

任何教育方式都可以根据它能起到多少鼓励作用被客观地评估。任何能增加孩子勇气的都是有益的，凡是令孩子沮丧的则都是有害的。没有哪个孩子是真正的"坏"孩子。每个孩子都想做到最好，希望成功，渴望成为一个"好孩子"。只有当孩子对自己失去信心、放弃希望时，他才会行为不端。遗憾的是，鼓励孩子的技巧还没有被充分认识和开发，很少有人会特意鼓励孩子，甚至都不知道该如何鼓励。有些人试图用漂亮的话夸赞孩子，但孩子们非常讨厌这种做法！孩子们观察得非常仔细，能够感受到这些漂亮话语中的不真诚。不真诚的赞美永远起不到鼓励的作用。不恰当的赞扬要么毫无意义，要么令人厌恶。即使父母发自内心地表示赞赏，如果孩子觉得自己辜负了这种过度的赞赏，他也会灰心丧气。

有两个因素对鼓励来说是至关重要的：真诚和对孩子个人需求的认可。每个孩子都有值得赞扬的能力和本领，也有需要细心呵护的弱点。然而，如果一个人对孩子没有信心，他就无法让孩子相信自己可以做得更好。自信，即对自己能力的认可，意味着勇气。只要能让对方充满信心，他就一定能做得更好，还能增强他在社会中的调整能力，对那些渴望获得帮助的孩子来说更是如此。

当人们被敌意、不顺从和相互贬低的氛围笼罩时，鼓励就不可能产生影响，它只能在友好的氛围中自然而然地发生。如果夫妻总是意见不合、争斗不休，孩子们就会学会互相竞争，试图挫败他人。有多少父母在无意识中压制了自己的孩子，扼杀了他的天赋和多样化的才能，阻碍了他的努力，并妨碍他对自我价值和创造力充满自信。

孩子的每个错误和每个缺点，都反映了他在家中遭受的挫折，其实他本可以避免这些问题。在关爱和理解的氛围中长大的孩子，渴望并愿意尽自己的一分力量。在友善的氛围和真正的兴趣环绕下，孩子就可以快乐地成长，并回应周围其他人的需求。

但是，许多父母和老师本身就成长于摩擦和竞争的环境，因此无法为孩子提供正确的指导。他们忘记了自己经历过的不安、被冷落和不被人爱的感觉有多可怕。他们很少学习儿童心理学的知识，而仅依靠自己的个人经验。他们非但发现不了孩子的潜力，还反对孩子的所作所为，极少激发和鼓励孩子。是的，有时父母和老师能迫使孩子服从，但代价是什么呢？他们毁掉了孩子的个性，却不明白为什么孩子会感到被否定了——他们完全不知道孩子不良行为的真正原因。

## 了解孩子

想了解一个孩子，我们就需要充分了解影响孩子成长的各种因素。孩子试图在家庭中找到自己的位置，或者找到能给他带来认可并适用于他所处环境的方式，在这样的努力下孩子会发展出一些特质。在得不到鼓励和引导的情况下，孩子会一次又一次地寻求被社会接纳的行为方式，但这种努力通常是徒劳的，随之不恰当的行为就会产生。

孩子行为不当主要是出于四种目的。我们必须了解这些行为目的，如此才能帮助孩子改善他们的行为。

其中最常见的目的是获得关注。这种特殊的愿望在幼儿中很普遍。在如今的家庭中，孩子很少有机会发挥作用，并通过为家庭做贡献而获得认可。因此，他们相信收到礼物、获得关爱或者至少是关注的重要性。父亲带回家的玩具，与其说是一种娱乐工具，不如说是父爱的象征。缺乏关注，孩子就会觉得被忽视了。如果孩子不能以一种令人愉快的方式获得关注，那他就会采用令人厌恶的方式，故意惹是生非，引来责罚，这至少也能引起父母的注意。如果仍然不能引起关注，那结果会更糟。在孩子看来，没有受到责罚也是一种忽视，对他们来说，被忽视是最糟糕的事。渴望获得关注的孩子必须受到这样的教导，即他们可以通过做出贡献来获得他人的认可，而不是一味地索取。

行为不当的第二个目的是展示其优势和权力。被暴力相待的孩子会进行反抗。对他们的要求越多，他们越不顺从。他们会在父母的困惑和震惊中，巧妙地挫败父母的计谋，并轻松取胜。

这种敌意最终导致孩子的第三种行为目的，也就是惩罚和报复。这类孩子深信没有人喜欢他，于是放弃了任何取悦他人的努力。对自己所受屈辱的唯一补偿，就是他会采取报复行为，就像别人伤害他一样去伤害别人。他们缺乏社会责任感，为了自己的欲望而不择手段，这种攻击性行为体现了他的社会挫败感。

第四个目的体现为完全的消极被动。持这一目的的孩子坚信自己能力不足，他们会尽力避免把自己的不足暴露在人前。

为了找出孩子的问题所在，我们必须知道问题背后指向的是以上四种目的中的哪一种。很多人认为，如果能找到一个恰当的词来描述孩子的某种行为，就表明他们理解了这种行为，但词语并不能解释行为的本质，它只是简单的文字描述。例如，懒惰这个词并不能解释某种特定的行为。从心理学上讲，每种懒惰的表现都有不同的意义。孩子会为了获得关注而懒惰，比如母亲必须坐在旁边，时时提醒和帮助他，否则，他便无法完成家庭作业。但是，懒惰也可以用来显示优势和权利，比如为了对抗来自父母或老师的威胁和惩罚，孩子断然拒绝学习。有时候，懒惰是不被恰当对待的孩子最糟糕的报复手段，孩子以此来惩罚自负和野心勃勃的父母。在很多情况下，懒惰意味着放弃一切的心灰意冷的态度：如果一个人无论如何都不能取得成功，那努力的意义何在？

父母必须了解孩子为什么会这样做。他的不良行为和缺点是针对谁或针对什么。尽管很少有父母知道这些，但他们还是应该努力了解更多。父母应该知道孩子有什么样的愿望，了解他对自己和生活的看法，了解他做出的努力，以及他从经验中得出了什么结论。

## 生活方式

孩子在生命最初的四至六年里，会通过种种经历对自己和自己在生活中的位置形成明确的概念。孩子会根据对自己观察结果的解读和对社会生活的理解，根据在父母和兄弟姐妹身上观察到的成功或失败的行为，而自然形成一套解决生活问题的方法。每个个体都会形成自己独特的方法，这些方法构成了他独特性格的基础。他可能会根据自己遇到的不同情况来改变应对措施，但是他对自己的基本认知始终不会变。如果孩子得出这样的结论，即他总是需要依赖他人，那么当他得到这种依赖时，他的表现必定会与缺乏这种依赖时的表现不同。在前一种情况下，他可能会非常配合，并且明显表现出很好的适应性；但如果让他只能依靠自己，他就可能会失败或退缩。这两种相互矛盾的行为模式背后的根源是相同的。

孩子并不知道自己潜意识的想法，但当有人将他内心的想法揭示出来的时候，他就会有所改变。如果孩子不知道他的一些观念是错误的，那他就会把这些错误观念带到成年去，到那时就只能通过心理治疗来矫正。可如果父母受过这方面的培训，能够识别孩子行为的目的，那他们就能很好地帮助孩子避免形成导致社会适应不良、失败、忧愁的错误观念。

## 家庭星座[1]

孩子的观念在很大程度上受其在家庭中的地位的影响。对独生子女来说，父母是他生命最初的几年（最关键的几年）中最为重要的人物。在与父母相处的过程中，孩子会做出试探性的努力，而当父母对孩子的行为做出回应时，又会对孩子的行为产生调整作用。然而，孩子自我调整的结果，并不一定符合父母的预期。孩子可能认为父母就应该为他服务。此外，父母的品格和行为也为孩子提供了准则和指导，从而使孩子形成自己的观念；孩子又从自己的角度出发，采取自己认为有效的方法和行为。

不幸的是，孩子的观点并不总是与父母一致，比如，他为了得到父母的特别关注可能会故意表现出害怕，因为他发现只要自己害怕时，父母就会很关心他。然而，如果孩子有兄弟姐妹，那么在其接下来的成长过程中，兄弟姐妹会逐渐变得比父母重要。父母常常要扮演调解者的角色，强化并管理着孩子们在家庭中的位置。通过关注每个孩子的不同特征

---

1 此处指家庭地位和家庭成员之间的位置关系。——译者注

与能力,父母对孩子间的竞争产生影响,并成为这种竞争的幕后推手,但他们并未意识到是自己在幕后操纵,而且对由此产生的结果不知所措。兄弟姐妹间的竞争是影响每个孩子个性发展的最重要的因素之一,即使孩子们相互关爱,不打闹、不争吵,相互竞争的迹象也是很明显的。一个熟悉竞争的人很容易就能识别出来。

兄弟姐妹间的竞争,往往在老大和老二中间就已经产生了。这种竞争持续存在的主要原因是,孩子不具备理解年龄差别的能力。对孩子来说,他的兄弟或姐妹要么比他强壮,要么比他弱小,要么比他有能力,要么能力不如他,而这与年龄无关。面对年龄较小的孩子,父母经常这样安慰"等你长大了,你也能那样做",可这对孩子来说毫无意义。两年以后,他确实可以做到他哥哥现在所做的事。但到那时,哥哥还是比他大两岁。两年时间确实可以带来很多变化,但这种变化不只是年龄,更重要的是个头、力量、技能、能力等方面的不同。因此,年龄成为一个容易诱发竞争的因素。两个孩子相差多少岁并不重要,重要的是谁长谁幼。我们发现,有些孩子作为年长者的特权实际上是建立在非常短的时间间隔之上的。在我研究的案例中,两个孩子出生前后只差七分钟或十三分钟,就会大不相同,稍早一点出生的那个孩子享有明显的年长者的特权。

因为第一个孩子和第二个孩子之间的竞争是普遍存在的，所以他们最能凸显兄弟姐妹间竞争的影响力。第一个孩子在一段时间之内曾是独生子女，他认为第二个孩子的出生威胁到了自己的特权地位。他发现自己被迫分享的不仅是时间和关注，还有父母的爱，尤其是母亲的爱。弟弟/妹妹的出生对第一个孩子来说，通常是一种冲击，他会觉得自己"被废黜"了。即使他为此事做了心理准备，他也无法预见这一未曾经历的事情可能产生的影响。最好的情况是，他对自己作为大孩子的优越性有足够的自信，乐意接受新玩伴的到来，并且认为弟弟/妹妹可以把他从孤独中解救出来，尽管这种孤独曾经那么美好。

但是，通常情况下，家里的老大会越来越因新生弟弟/妹妹的成长而担忧。他意识到自己在能力和体力上的极大优势会随着时间的推移逐渐减弱。他害怕老二有一天会与他平分秋色，因为那样的话，只要后者再进步一点就可以超过他了。这种担心变成事实的速度往往比预料的还要快。父母并未完全意识到这种冲突，只是愚蠢地纵容年幼者挑战他的哥哥/姐姐，由此加剧了他们之间本就存在的竞争，从而导致灾难性的后果。当哥哥/姐姐试图用不良行为来吸引先前只属于他/她的关注时，父母会变得十分愤怒。他们对可爱的小宝宝的喜爱，与他们对老大表现出来的厌恶和烦恼形成鲜明的对比，这恰好印证了老大的担忧是合理的。

由于第二个孩子本能地想弥补自身的不足，因此老大的处境变得更加复杂。老二知道在他前面有另一个孩子，这个孩子能走路、说话，照顾自己，能上学、读书、写字，但是这些他都做不到，他当然要竭尽全力来加强自身的地位，这不是很正常的事吗？一旦第二个孩子发现年长的孩子有任何缺点，他/她就会抓住这个机会。比如，母亲随口说一句"老大应该以老二的整洁为榜样"，这就提供了一个绝好的机会：现在老二有胜过老大的地方了。反过来，老大也非常清楚地知道自己所面临的危险。他非但不会像母亲所期待的那样做出改变，反而会有意放弃自己。弟弟/妹妹年龄比他小，做得却比他好，那他努力的意义在哪儿呢？

一个典型的情况是：一个孩子会因另一个孩子的成功而气馁，所以他会在不知不觉中判定他的优势在其他方面，而把现在这个领域留给更成功的竞争者。一旦产生这样的想法，恶性循环就会随之而来。一个孩子越放弃，另一个孩子就越想在这个领域建立自己的优势；他越成功，另一个孩子的希望就越小。一个孩子前行路上的"绿灯"，却是另一个孩子的"红灯"。父母并没有趁着这种恶性循环处于萌生初期而去打破它，反而通过偏向更成功的孩子加剧了这种恶性循环。两个孩子各自划分出自己的领域——一个依靠自己的智慧，另一个可能依靠自己的魅力。如果一个孩子对学习感兴趣，另一个孩子就会在体育方面表现更出色；一个孩子擅长学习语言，另一个则可能对数学更感兴趣；一个孩子可靠，而另一个就会显得无助、依赖他人。如果一个孩子表现得特别好，我们就可以确定，他的竞争对手——另一个孩子会成为表现不好的人。要成功改善这个恶性循环，父母无论从哪个孩子开始入手都是可以的，父母的方法和态度决定了最终的结果。一般来说，一个孩子越是被溺爱或是被压制，另一个孩子胜出的机会就越大。在大多数情况下，机会不会只偏爱一个孩子，因此两个孩子都会各有输赢。如果幸运的话，竞争可能不会导致真正的失败，而会帮助两个孩子在各自不同的领域都取得成功。

下面的这个例子能够非常清晰地展现出孩子之间竞争的模式和表现形式。

九岁的比利是个了不起的男孩。四年前，他父亲去世了，之后他便成为母亲莫大的安慰和得力的助手。他帮助母亲做家务，还将六岁的妹妹玛丽莲照顾得非常好。因为懂事早，母亲在他很小的时候，就和他商量各种问题，他也真正承担起家里"男子汉"的角色。比利唯独在学校的表现欠佳。他几乎没有朋友，对学业也不是很感兴趣。这并不奇怪，因为比利在学校不会像在家里那样扮演相当重要的角色。

不难想象,玛丽莲会是个什么样的女孩。她太任性了,甚至她的母亲都拿她没办法,只好向我寻求帮助。玛丽莲邋里邋遢、言而无信、吵吵闹闹、令人生厌,是一个真正的"小坏蛋"。母亲无法理解这两个孩子为什么会有如此大的差距!她也实在无法理解,比利的乖巧懂事和玛丽莲的任性乖张之间有什么关系。

于是,我们和两个孩子便有了以下的讨论。首先,我们问玛丽莲,她觉得母亲喜不喜欢她。不出所料,她摇了摇头。我们向她解释,我们非常肯定她的母亲很爱她,只是她自己不相信,所以她才故意有一些过分的举动让母亲生气,她也能因此获取母亲对她的关注(以负面行为获取关注),但结果却与她的期望相悖。她的母亲对她更加不满,甚至失望。如果她尝试换一种方式,她会发现母亲其实一直很爱她。

进行这次讨论时,比利也在场。随后,我们问他是否希望玛丽莲成为一个好女孩。出乎意料的是,他立即喊道:"不要!"我们问他为什么。他面露尴尬,磨蹭了半天才说:"她反正是不会变好的。"我们向她解释,或许我们可以帮助玛丽莲,而且他也可以帮到妹妹,我们一起努力,也许能把她变成一个好女孩。我们又问他愿意这样做吗?他有些犹豫地说,是的,他愿意。我坦率地告诉他,我不太相信这是他的真实想法;我可以确信,他第一次说的"不要"是更真诚、更准确的。但是,他为什么不希望玛丽莲变好呢？也许他可以告诉我他的真实想法。他沉思了一会儿，然后说："因为我想成为更好的那一个。"

第一个孩子和第二个孩子一旦建立竞争关系，第三个孩子就可能受到老大或者老二的拉拢，成为其中一方的"盟友"。第三个孩子很少会同时与两个大孩子竞争，但他有时会迫使老大和老二结盟——当年龄较大的两个是女孩，而最小的一个是男孩时，就可能出现这种情况。第四个孩子可以根据情况，选择站在任意一个大孩子的一边。无论是什么样的结盟方式，只要认真观察每个孩子的性格变化，就很容易识别出来。在性格特质、兴趣或情绪方面反差最大的两个孩子，在年幼时极有可能就是竞争者。这一事实揭示了家庭内部的斗争关系究竟在哪里，父母意识到这一点对理解孩子来说是很有必要的。

这种家庭成员之间的互动关系，被阿德勒称为"家庭星座"。[1]每个孩子都在其中占据不同的位置，而这对孩子性格发展产生的影响比遗传等其他因素更重要。下面便是一个例子：

---

[1] 阿尔弗雷德·阿德勒，《理解人性》（*Understanding Human Nature*），格林伯格出版社，纽约，1927年。

有这样一个家庭，由父亲、母亲和六个孩子组成，其家庭内部竞争的源头是这对夫妻：总是"盛气凌人"、对政治和文学感兴趣的父亲；通过支配和控制孩子们来弥补自己社交能力不足的母亲——一个典型的家庭主妇。他们的第一个孩子名叫莎莉，是个女孩，总是被她的父亲用来与自己的妻子抗争。而母亲则把二女儿比阿特丽丝当作自己的"盟友"。莎莉是个好学生，但不爱做家务，而且经常跟母亲对着干。恰好相反的是，比阿特丽丝虽然学习一般，但她热衷于做家务，而且对自己的外表很在意。

几年后，又一对双胞胎女儿出生了。因为她们长得很像，所以需要穿不同颜色的袜子、系不同颜色的丝带，以便于区分。同卵双胞胎通常具有特殊的心理关联，她们对彼此的认同程度如此之高，以至于她们常常将对方当成另外一个自己。她们容易追求相同的生活方式，她们的命运也惊人地相似。

然而，在这个案例中，事情却显得有些不同寻常：莎莉和比阿特丽丝之间的激烈竞争导致了这对双胞胎姐妹的分裂。早出生十三分钟的双胞胎姐姐露丝，被莎莉吸引，成为其"盟友"；而妹妹戴安娜却选择站在比阿特丽丝这一边。结果就是，露丝成了和莎莉一样优秀的学生，但不善于做家务。而戴安娜和比阿特丽丝一样，成了一名普通的学生，却善于做家务，还特别在意自己的外表。这对夫妻的第三对孩子是龙凤胎，其中的男孩汤姆不仅是两个孩子中较大的一个，还是家里唯一的男孩，他渴望获得特殊的优越地位。

家庭成员因为性格、兴趣和行为的不同，分成了两个阵营：父亲、莎莉、露丝和汤姆；母亲、比阿特丽丝、戴安娜，还有龙凤胎中的那个小女孩。在莎莉和父亲的支持下，汤姆竟然试图欺负姐姐比阿特丽丝，挑战她的优势地位。露丝也故意将戴安娜排除在自己与其他女孩的社交圈外，她的理由是戴安娜太小了（她仅比戴安娜早出生了十三分钟）。摩擦、矛盾和相互折磨，让本来可以幸福生活的一家人，陷入了糟糕的家庭关系中。

## 帮助孩子适应社会生活

消除家庭内部的竞争，尤其是孩子们之间的相互竞争，是最困难的任务之一，也是父母最迫切想解决的问题。竞争会阻碍孩子们愉快相处并相互欣赏，可反过来，孩子们之间如果相处愉快，就能减少竞争。家庭需要一些集体活动和共同的兴趣爱好，以增强每个家庭成员的归属感，这也是消除因竞争而生的家庭隔阂的最好方法。公平的游戏、旅行和郊游、有吸引力的共同爱好、每个人都充分发表意见的讨论……这些方法都非常有效，特别是当父母也参与其中时。但是，如果没有悉心安排和周密的计划，家庭活动是很难发挥它的作用的。游戏很可能又成为竞争的延续，一个孩子在游戏中习惯性地支配他人,而另一个孩子则习惯性地顺从。尽管从总体上看,这两个孩子之间存在着某种平衡,但它不一定是一种良性平衡。如果不是良性平衡,它就会给孩子的心理造成一定程度的伤害。如果想在家庭内部推行民主,并把这种民主扩展到更广泛的社会群体,那么每个孩子都应该接受训练,使其有时是领导的角色,有时是听从指挥的角色。

关于是否应该让孩子们免遭社会的"丑恶"的影响,已成为当今社会的一个紧迫问题。我们总会听到有人呼吁"要保护好我们的孩子",虽然这个呼吁用意很好,但这么做很危险。其实,我们的孩子已经受到太多的保护了。也因为我们的过度保护,他们无法为以后的生活做好准备。他们需要的是鼓励,而不是所谓的"保护"。没有人能帮他们永远掩盖生活中不好的一面,他们需要直接面对生活的真相。父母可以帮助孩子形成正确的人生态度,让孩子成为勇敢、富有同情心、理解和帮助别人的人。与其禁止孩子去听广播里的恐怖故事,不如尝试着引导他们正确地点评这些故事,并摒弃那些拙劣的、耸人听闻的故事。如果孩子的玩伴都有玩具手枪,那么父母就无法成功阻止自己的孩子玩枪(顺便说一句,孩子玩枪不是为成为一名真正的士兵做准备,而只会让孩子产生被误导的优越感);但是,作为父母,有义务给孩子讲解玩枪的真正意义。父母可以教给孩子们更好的方法,以帮助他们展现自己的优势、证明自己的价值。

有了这种良性的帮助，孩子将在他的小团体中成为启蒙力量，并把从父母那里学到的道德观、价值观传播给自己的同伴。孩子可以依靠自己找到解决矛盾的恰当方法，而且应该有足够的勇气、毅力和自信，以抵抗不怀好意的攻击。

父母若干预孩子们之间的冲突，多数情况下都是有害的。如果摩擦发生在家庭内部，父母的干涉只会加剧竞争，从而挑起更多的争斗，因为孩子们会认为，这是引起父母关注的大好机会。如果矛盾发生在家庭之外，父母的干涉几乎不能缓解孩子们的紧张情绪，甚至还会削弱他们处理问题的能力。当然，在紧急情况下，为了保证孩子的人身安全，必须把教育孩子的意图暂放一边。然而，这类危及孩子生命安全的情况，远没有担惊受怕的父母想象的那样频繁。如果兄弟姐妹之间发生争吵，父母不要以为他们会互相残杀。比如，我喜欢把两个打得不可开交的孩子单独留在一个房间里，并说："我想看看你们谁会活着出来？"通常，这种方法是有效的。没过多久，我就可以看到两个孩子要么各自坐在角落里谁也不理谁，要么和谐地在一起玩了。

是的，我们都知道，养育孩子是一个漫长而艰辛的过程。因此，我们体谅和同情父母们。如果孩子是独生子女，他会有一种生活在"巨人"中间的压迫感。如果有两个孩子，他们就会不可避免地存在竞争，产生摩擦和矛盾。如果有三个孩子，那他们三个当中必然有一个中间的孩子，他会将自己和老大、老小的特权相比较，然后很容易觉得自己被忽视了。如果有四个孩子，我们通常会发现老大和老二之间存在着对立关系。但一般情况下，当一个家庭里有四个孩子时，恶性竞争的情况会大大改善，可又有几对夫妻会有四个孩子呢？

因此，我们必须对那些可怜的父母抱以同情，或者至少同情一下可怜的母亲，毕竟父亲往往会从养育孩子的任务中抽身出来，因为这比他的日常工作更难。其实真正的问题在于父母，而不是孩子。我们必须帮助父母，让他们享受到人类所能体验的最大快乐——养育子女。那些乐在其中的父母即便要付出许多代价，他们也心甘情愿——为了照顾生病的孩子，他们彻夜不眠地守在床边；当孩子遭遇危险时，他们担惊受怕；当孩子失败时，他们既失望又担心。能够看着孩子慢慢长大，是一种无与伦比的快乐。时间的流逝被赋予了完全不同的意义，我们慢慢变老的每一年都是孩子获得的新一岁。我们逐渐从孩子的生活中退出，是希望孩子可以学会独立，希望让出空间给孩子施展，这不是为了我们个人的声望，而是为了将我们的理想、信念以及所有在我们看来有价值的东西传承给孩子。可以说，通过孩子，我们创造了未来，也只有未来，才能评价我们今天的是非功过。

Solving the
Puzzle of Sex

第九章
## 解决性的困惑

## 个体的力量

极少有人意识到，我们为解决个人问题所做的努力是如何促进社会发展，并帮助解决许多令人痛苦的婚姻生活和性生活中的难题的。当我们忙于日常工作，努力养家糊口、寻求爱情和婚姻、享受友谊、参加各种活动时，我们可能无暇思考未来，但我们现在所做的一切都会创造并决定未来。每个人都在塑造明天的世界。每个人，无论男女，无论是自觉的还是不自觉的，都对社会发展起着至关重要的作用。大多数人对自己所拥有的巨大力量和影响力都知之甚少！许多人认为，只有政治家才能影响和改变社会结构，但事实上，无论你愿意与否，有作为抑或无作为，都会影响社会的变化。每一个想法和每一次行动、每一个信念和每一次怀疑、每一个愿望和每一次冷漠，这些元素会与多元复杂的社会观念交织在一起。尽管它们会在复杂的"织网"中失去其独有的特征，但它们的确为我们的明天增添了色彩。

我们对爱情、婚姻的想法和感受，是社会发展过程中的推进力量。不同观念的存在彰显了社会发展的进程。不论是有重塑和改变现状的愿望，还是对现状比较满足，都影响着社会的发展。我们何时以及如何坠入爱河、有着怎样的性体验、是否结婚、与配偶生活得如何，以及如何看待离婚等，这些不仅影响着我们自己的生活，还对同时代的其他人具有重要意义。我们会强化和肯定某些社会趋势，而否定另一种社会趋势，却认为我们只是在管好自己的事。在人类共同朝着美好的生活不懈奋斗的过程中，我们必须更加清晰地认识到我们的观念所起的作用。我们必须更深刻地领悟自己的观念和偏好所具有的社会意义。了解自己能起到的作用，可以使我们在制订计划时更谨慎，并帮助我们理解那些与自己的观念相矛盾的看法。审慎的态度和对他人的理解，对于民主融合的进程来说至关重要。

让我们回到当前的问题上来。我们想知道什么是对的，什么是错的，或者说我们应该做什么，不应该做什么。仅仅为了回答这些问题，我们就有必要对社会的发展趋势有所了解，否则，面对社会的发展变化以及矛盾的价值观、道德观，我们会感到困惑和束手无策。接下来，通过几个最令人苦恼的问题，我们来了解一下社会总体的发展方向。

## 对性的困惑

首先是关于性的问题,这一问题引起了很多人的关注和讨论。在爱情和婚姻方面,没有哪个问题会像性一样,引起如此多的争论和分歧。有些人公开宣称,他们支持男人和女人享有同等的性"自由";有些人对新近出现的所谓"伤风败俗"的行为表示谴责;有些人不表达任何明确的立场,也许他们是说一套做一套;许多人一边享受着婚外的性自由,一边说"通奸"是罪恶的;还有些人用其他方式自欺欺人。比如,我曾听一个女孩说过,她支持开放式恋爱,但自己却不会这样做。这简直让人想不通!那到底什么是对的,什么是错的?

为什么人们如此关注性?通常来说,每当我们遇到一些自己无法解决的问题时,它们就会一直萦绕在我们的脑海里。从早到晚(是的,在梦中也是如此),我们在生理层面、人类学层面和社会学层面都受到"性"这一谜题的困扰。我们尝试解决它,但屡试屡败。每一次失败都会放大这个问题,直到它超过了人际关系中的其他重要问题。因此,对许多人来说,性成为生命的象征,成为生活唯一的意义。对于所有爱情失意的、发现自己不足以与异性建立良好关系的人来说,他们对性本身的态度会发展成某种癫狂的欲望,他们的整个人生观都变得扭曲了。

实际上，性只是男女关系的一个层面而已。那些只关注性功能的人，只看到了两性关系中人的动物属性，而忽视了人类属性，只将异性视为要被征服的或被欺凌的对象，而不是和自己一样平等的人。我们经常发现，即使他们确实将对方视为未来的丈夫或妻子，在性吸引力的背后也仍然存在潜在的敌意。性问题之所以变得令人困惑，是因为夫妻双方过于强调伴侣带来的性便利，而其他的才能和兴趣要么被完全忽视，要么被置于次要的位置。

目前的社会环境使得人性没有得到充分的体现。认识到这一点很重要，因为个体或夫妻所面临的婚姻和性问题，都取决于其所属社会群体的普遍习俗。正因如此，也就不存在放之四海而皆准的解决方案。宗教观念和民族文化决定了什么是"得体"的性行为。[1]在某些社会群体中，婚姻之外的亲密性关系在法律上和道德上都不被允许。还有某些社会群体将未婚生育视为耻辱，未婚母亲和她的"私生子"会遭到排斥，在这样的环境里，保护非婚生子女利益的规定几乎无

---

1 "所有行为标准都是相对的，取决于文化模式。文化模式是地方性的、人为的，而且是多变的。"鲁斯·本尼迪克特，《文化模式》（*Patterns of Culture*），霍顿 米夫林出版公司，波士顿，1934年。

法实行。

与此同时，我们发现了另外持有不同观点的社会群体，他们的观点通常被称为"自由主义"或"现代主义"。虽然他们必须遵从法律和被大众普遍接受的道德准则，但是，他们完全不会蔑视开放式的恋爱关系，反而为自己的性解放感到自豪。有的社会群体不反对未婚情侣享受亲密性关系，有的社会群体只有男性享有婚外性行为的权利，还有的社会群体则谴责任何婚外性关系。尽管造成这些差异的决定性因素是女性在社会群体中的地位，但我们每个人都参与了规则的制定和维护。

如果一个女孩问，她是否应该和未婚夫发生性关系，我们就必须考虑她所在社会群体的传统观念，还要考虑双方对性解放的态度。不能给她完全肯定或否定的答案，因为任何一个答案都可能危及她的未来。她未婚夫的成长经历和他所在社会群体的传统观念都必须考虑在内。一方面，尽管许多男孩绞尽脑汁地想要让女孩失去童贞，可他们却不会娶失去童贞的女孩。如果女孩屈服于这样的男人，就意味着她不但会失去童贞，而且也会失去这个男人。然而，有些男孩只有与女孩建立了亲密的性关系后，才会考虑结婚。如果女孩拒绝，男孩可能会怀疑女孩不够喜欢她。

所有不认同这些说法的人，都必须尝试了解当代年轻人所面临的问题。如今年轻人生活的环境与父母那代人已经不同了。我们必须勇于摒弃过去的旧观念，有意识地朝着人类向往的目标前进。经过这样的思考，我们才能明确立场、摆脱困惑和内心的矛盾。我们不能指望仅仅通过道德、伦理，甚至医学解释来解决我们的困惑。我们需要的是清楚地认识到社会发展的方向，以及我们的行为对社会进步的影响。

## 变化的趋势

自柏拉图的《理想国》和托马斯·莫尔的《乌托邦》问世以来，许多幻想小说相继出版，这些作品都虚构了一个与当今世界有着完全不同的价值观和社会准则的世界。科学地说，我们无法精准描述与目前社会环境完全不同的社会生活的任何细节，然而，过去社会发展的总体趋势对当前社会的发展方向还是具有指示意义的。

战争会加速社会变革。潜在的社会力量突然间得到释放，解决久拖不决的社会问题变得迫在眉睫。虽然第一次世界大战波及的平民人数远少于第二次世界大战，但它却对社会和经济影响深远，尤其是在欧洲。第一次世界大战大大改变了女性的社会地位，使其达到前所未有的高度。而第二次世界大战大大推动了这一进程。女性不仅在工业、商业、艺术和科学领域崭露头角，甚至在军事领域都占有了一席之地。这最后一个领域意义重大，因为数千年来，成为军人一直是占主导地位的男性的特权。现如今，女性不仅可以参军，甚至还被授予军衔和军职。女性参军影响了整个国家的两性关系。这只是社会变化的一个方面，它与其他许多变化产生的效果一样，都指向同一个发展目标：男女之间的社会地位平等和性别平等。

不管我们喜不喜欢，我们都得正视那些必然会影响美国战后状况的事实。大多数情况下，男性在服役期间的性经历，与他们的成长经历和所受的教育形成鲜明对比，在他们成长的环境中，被社会接受的性满足方式特别少，因为卖淫是女性耻辱的象征，是被社会和法律禁止的。特别是那些驻扎在欧洲国家的士兵，他们享有相当大的"性自由"，在部队养成的这一习惯使他们很难回到战前美国盛行的那种相当严格的清教徒式的生活方式。

在军队服役的女性也面对类似的情况。我们不能也不应该一概而论，但有一些事实是我们必须要面对的。许多女孩当兵后离开家，离开家人的保护，面对男性穷追不舍的性要求，面对孤独、绝望和乡愁，以及笼罩在头顶上的死亡阴影，她们特别看重一时的欢愉。于是，这些女孩在军人这个新的身份下，再也不像小时候一样，带着羞耻感来看待性了。生活和工作的特殊环境使她们中许多人的行为和想法都更加男性化。

虽然这些变化影响着服役的男性和女性,但同时整个国家的其他男性和女性的情况也并非一成不变。对许多女孩和女人来说,可供选择的男性数量在减少,获得性体验的机会也日渐减少,它们的威胁超过了贞洁和忠诚的重要性,更不用说那些本就喜欢打情骂俏、渴望获得爱慕和欣赏的女孩了,她们以"尽爱国义务"为借口,满足那些服兵役期间休假回家的男孩的欲望。性道德观念的普遍松动,使得战争时期妻子们的处境更加岌岌可危,甚至超过了分离所带来的艰辛。孤独、寂寞,缺乏感情和性欲的宣泄口,这些已经够难排解的了,但一想到"爱人"可能会以某种方式找到自己的性快乐和性满足,妻子的处境就更糟。此外,在当时的社会环境中,女性还享有一种新的自由,即她们可以在战时的工厂做工,并在工业和技术领域中找到了自己的位置,而这些领域以前都是专属于男性的。她们像男人一样工作,穿得也像男人一样,全然不顾那些满心惊恐的男人的徒劳抗议,他们希望女人继续"安分守己",穿回她们的裙子(裤子一直被视为男性优越感的象征)。女性破天荒地开始自己赚钱,经济上完全独立,不再需要任何男性供养者。难怪她们在性方面也像男人一样,有了自己的选择和要求,她们不再等待，不再被动地依靠自己迷人的魅力去吸引男人。

## 已经改变的婚姻关系

如果我们希望我们这代人在面对严重的性和婚姻方面的冲突时不会乱作一团，那我们就必须认识和了解已经改变的婚姻关系。如果不能清楚地了解婚姻中潜在的社会和道德因素，我们就不可能明智地分析或解决夫妻或恋人之间的个人问题。男人和女人都不愿意接受彼此最真实的样子。而他们越灰心丧气，就越无法忍受；他们的要求和期望越多，得到的就越少。在这种情况下，离婚率会大幅提高。人们将离婚率提高归咎于各种各样的原因。夫妻之间会互相指责，抱怨彼此个性不合，或者经济条件不佳等。

不论是将婚姻的破裂归咎于缺乏了解，还是归咎于因长时间相处而生厌，都不是真正的原因。无论是长期分居的婚姻，还是相对时间很长的婚姻，都有发生破裂的可能。夫妻双方几乎都没意识到，问题的根本既不在于双方的个性，也不在于生活条件，而在于他们关系的原有基础已经崩塌，他们无法找到新的平衡。每一个对他们的财务状况或社会文化问题的挑战，都会让其内在冲突暴露无遗。他们对身为丈夫或妻子应担负的职责有着截然不同的看法，他们都期望或者要求对方去做自己不愿意做或无法做到的事情。离婚率的提高反过来又使男人和女人更加敏感，导致他们对安全感的诉求越来越高。

## 不道德与新道德

给上述变化贴上"道德败坏"的标签是不公平的。诚然，战争总是能带来道德观念的松动。第一次世界大战之后确实如此，人们可能会认为，目前这种两性状况跟第一次世界大战后一样，是道德的又一次暂时滑坡。但这一次的情况不同了，人们的道德状况不可能恢复到原来的"常态"，因为这些变化不仅反映了道德观念的松动，反映了女性在社会中的新地位，还反映了男女之间不同于以往的新关系，至少在大城市里，男人和女人都对性在生理和社会方面的意义有了全新的认识。在第一次世界大战期间及战后，年轻女性的性犯罪率有所提高，第二次世界大战后也是如此。但这两次有一个根本区别：二十五年前，被逮捕的女性完全承认自己的行为是不正当的；但如今，当她们因类似行为被逮捕时，她们会大声抗议，拒绝任何人干涉她们的私人事务。她们坚持认为自己可以随心所欲地支配自己的身体。当今的性犯罪和以往一样都是反社会的，不道德的行为在今天仍然存在，就像二十五年前一样。但是，要彻底弄清楚什么是"得体的"，什么是"不道德的"，则变得更难了，因为二十五年来我们的社会已经发生了巨大的变化。[1]从道德的角度看，一些性行为会遭到当今社会的普遍谴责，但还有许多性行为在某些群体眼中是"得体的"，而在另一些群体眼中却是"不道德的"。

有一个因素使得人们很难对性行为做出正确的评估，即我们当今的社会规范在性和道德方面具有双重标准。几乎每个人都认为自己的性行为模式不被亲戚、朋友和同事接受，而同时每个人也会谴责亲朋好友的性行为模式。在过去，人们评判性行为模式的标准有公开和隐秘两种，这体现了对男女两性的双重标准，有利于维护男性的特权。不能向公众透露的事情，他可以在私下吹嘘炫耀。公共的道德标准其实只是严格规范了一半人类（女性）的道德和行为。

随着女性获得平等，这种双重标准就毫无意义了。如今，许多真相都在不破坏社会秩序的前提下被揭露出来。阿尔弗雷德·金赛博士开展了一项长期研究项目，该项目获得

---

1 "我们的文明必须适应旧文化标准的消逝及新文化标准的出现。我们必须接受不断变化着的'常态'，即便受到挑战的是我们从小形成的道德观念。"鲁斯·本尼迪克特，《文化模式》（*Patterns of Culture*），霍顿·米夫林出版公司，波士顿，1934年。

了印第安纳州立大学、美国国家研究委员会医学部、洛克菲勒基金会医学部的支持，旨在调查各行各业的人们的真实性行为，调查对象包括成千上万名不同阶层、不同职业和不同年龄的男性和女性。这项研究或许将是对人类真实性行为的首次揭露。所有坚持传统的人可能都会对所揭露的事实感到震惊。但这些事实代表着民众对道德观念的变化又有了进一步的认识，不管人们怎么说，这种变化都早已体现在他们的行为当中了。

## 婚姻问题是全球问题的一部分

婚姻问题只是战后社会文化问题的一个方面。整个社会都面临着政治、经济、劳资、宗教和种族的冲突与问题，如果我们想生存下去，就必须找到解决这些冲突和问题的方法。到目前为止，我们仍感觉无力解决这些问题。实际上，战后的社会问题与战前乃至战时的社会问题并没有什么不同。战争本身就是这些基本矛盾相互冲突的结果，它破坏了人与人之间、群体与群体之间的和平与和谐。人们经历了很多痛苦的斗争，就是为了争取社会平等。夫妻之间的冲突只是这种斗争的一个侧面。

## 社会进步：走向平等

的确，平等是我们这个时代最需解决的问题。尽管平等的建立可能会对婚姻制度、性爱关系产生深远的影响，但是它的意义并不只局限于男女之间。平等是当今人类为之奋斗的目标。当今世界仍是两种力量交汇的战场：强者想要维护自己的权利，弱者渴望获取影响力。强者始终坚信这个社会永远都有统治者和仆人，世界从来没有过平等，文化和秩序只能通过武力和强权来维持。弱者拒绝接受这种观念。他们为全人类的平等权利，为普遍的人格尊严、相互尊重和相互帮助而战。他们相信人类的基本平等——一种不受任何个体、国家和种族差异影响的平等。

国籍、种族、信仰等方面的差异将始终存在，但如果人们将这些差异视为对人类多彩生活的丰富，认为其对人类文化和历史具有珍贵的价值，那它们就不应该受到社会文化和道德的歧视。如果有人不相信人性，想要征服和控制人性，那他们就是在反对社会进步，企图阻挡历史车轮的前进。他们认为男性拥有与生俱来的至高无上的地位，一旦这些人掌权，就会成功剥夺女性已经获得的一切权利。他们认为体罚孩子是天经地义的，却没有意识到甚至完全不认为这会给孩子带来深深的耻辱感。他们看不起其他民族和种族，鄙视大众，自以为只有自己才是最聪明的。他们嘲笑任何关于平等的想法，觉得那是"梦想家"的幻想，是无法实现的愿望。他们的"现实主义"之所以非常强大，是因为他们代表了当权者。

## 人类的统一与平等

然而，人类的发展历史给了上述那些人一记响亮的耳光。诚然，人类从未经历过真正的平等——每个社会成员都拥有平等的地位，但是，"进步"从没有停止过，它推动了平等化的进程。"平等"是一个社会概念，意味着人人拥有相同的社会地位。

人类社会的进步总是伴随着社会群体的扩大，不同的社会群体之间互相接纳，人们不断归属于新的社会群体。人类最初以家庭为单位，之后形成了家族和部落。本群体之外的人都被认为是外人，在群体中没有地位，不享有"平等"。接着，不同的群体经过融合成为更大的群体，在不断融合的过程中，宗族和部落最终被新的社会组织取代，这个组织是以地理界线为依据而形成的。[1]在同

---

[1] 亨利·梅因在其《古代法》中描述了亲族关系和领土关系之间的区别。

一个地理区域内，各家庭和亲族的成员逐渐联合起来成为这个新的社会组织的正式公民，因此基本拥有了"平等"。

这就是我们社会文明的开端。一个或几个村庄组成的小群体，渐渐扩大为以国家为单位的社会群体，甚至最后发展成为帝国，虽然多数情况下帝国是通过武力和征服手段建立的。这些群体内部也充满了矛盾。人们被普遍接受的法则束缚在一起，被迫相互尊重和接受，他们不再像以前的家族关系那样，处在一个紧密团结的集体中。不同家族的成员成为同一个国家的国民，虽然不会再像以前那样互相残杀，但他们之间的友谊和合作仍然有限。在新的社会群体中，人们不再相互伤害对方的肉体，但仍会互相辱骂、欺骗和利用。人际关系这个"战场"，迫使人们采用非常微妙的斗争方法和自我保护的方法，这或许就是人们更多地使用大脑而不是拳头的原因之一。同胞变成了朋友和敌人的混合体。这种人际关系是整个"文明"社会的特征，甚至影响到家庭内部的亲密关系。

在以相互剥削为基础的文化中，人类在相互关系方面进展甚微，因此，许多人对人类未来的进步不抱希望。他们的疑惑在于，如果当今人类正遭受着前所未有的苦难，如果现在的战争比以往任何年代都更具破坏性、造成的威胁更大，那么，科学发展和技术进步又有什么用呢？如果我们把现在的文明与古希腊文明进行比较，人类所取得的文明进步确实很小。我们不得不承认，今天的人类实际上与古希腊人属于同一个文化时期。古代世界之所以不能发展出新的社会秩序、人类的人际关系之所以不能进步，其中一个原因就是人们无法消除群体内的敌人。当时的社会是奴隶社会，平等的人权观念是不被接纳的。然而，人类平等的思想已经被孕育出来，并在中世纪人类文化面临崩溃时，以基督教教义的形式幸存下来。[1]直到文艺复兴时期，古代世界的文化水平才得以缓慢恢复。

从那以后，人类社会经历了快速的发展。尤其是当科学技术把人们更加紧密地联系在一起时，人与人联合的基本趋势得以加速。人与人之间的距离缩小了，整个文明世界成为一个整体，这个现象首先发生在知识和艺术领域，最近在经济领域也出现了这样的联合，但在政治上还尚未实现。帝国再次崛起，范围遍及整个世界。如今，世界是一个大家庭，

---

1 人类平等的思想最初是在希腊斯多葛学派的影响下产生的，后来又受到罗马法律的推动，最后被早期的基督徒付诸实践。《加拉太书》第三章第二十八节里谈到，人在上帝面前是平等的。柏拉图和后来的罗马立法者们也描述过男女之间的性别平等。公元4世纪，奥古斯丁的预定论取得胜利，阻碍了斯多葛学派、基督教关于人类平等思想的发展，确立了中世纪的正统观念。根据奥古斯丁的学说，世间的不平等是神的计划的一部分，也是上帝的旨意衰亡的结果。[《社会科学百科全书》(*Encyclopaedia of the Social Sciences*)，第五卷]

这一观点已被人们广泛接受。所有的人——无论肤色、种族、信仰、文化，甚至无论文明程度如何——都紧密融合成一个整体。在这个地球上，无论什么地方发生的事情都会影响到整个人类。联合的日益扩大缩小了人与人之间的差异。结束封建制度的法国革命和俄国革命、《权利法案》和美国内战，都是弱势群体获得解放的里程碑。在人权观念的影响下，劳动者、儿童、女性以及所有种族的权利都得到承认。

同时，过去受压制的社会群体的崛起，又导致反对力量的产生。平等对一个社会群体来说是保障，对另一个社会群体来说却是威胁。随着女性地位的日益提高，两性之间的斗争愈演愈烈，因此，总的来说，一部分人的解放会激怒所有认为自己的特权受到威胁的人。这样一来，社会竞争普遍加剧，并爆发最暴力、最恶劣的战争，这会对整个社会文化和人类的生存构成威胁。但是，反对的力量永远不可能取得胜利。时间的车轮永远不会倒转，但摧毁整个社会文化是有可能的——人类经历过这样的破坏，但新的发展阶段从来不会重建之前的文化。如果人类能在时代的巨浪中幸存下来，劳动者、妇女和所有种族业已获得的社会地位和充分的公民权，是不可能再被剥夺的。我们要么灭亡，要么建立真正的平等，这是民主的基础。我们必须建立起一种新的社会秩序，赋予"民主"这个词以实际的意义。"民主"这个词经常被用来作为一种原则，却很少被实践。

## 民主生活

我们似乎有必要在这里说明一下民主的真正含义。我们经常使用这个词，却没有仔细思考过它的真正含义，以及它对我们的家庭、工作、政治和社会活动的现实影响。"民主"这个词本身的含义十分简明。它源于希腊语，意为"人民的统治"。在民主政治中，人民是国家的主人。人民，指的是你和我，指的是每个男人和每个女人。在民主制度下，每个人都有至高无上的地位，都应该拥有作为统治者的威严、自尊和来自他人的尊重。民主的要义在于：要尊重每个公民，无论他是哪个种族的人，是工人还是雇主，是富人还是穷人，是女人还是男人。

社会平等的最大敌人就是偏见，无论这种偏见是针对种族、宗教、社会，还是针对不同的国家。它在人与人、公民与公民之间制造了隔阂，阻碍了人们相互尊重。它建立在恐惧和不信任的基础上，妨碍公民形成归属感和认同感，而没有归属感和认同感，就不可能有合作与和谐。许多地方都在进行反对压迫和迫害、争取自由和独立的斗争，不仅在欧洲和亚洲，在美国国内也是如此。很多斗争都广为人知，人们对这些斗争的看法也各不相同。所有斗争都是复杂、艰难、混乱而又令人困惑的。然而，参与斗争的各方都很清楚，公众也在屏息等待着结果，这个结果对每个人来说都具有决定性的意义。比如说，我们熟知的劳资纠纷，即便双方暂时互相妥协，但仍然会时不时地爆发冲突。最近就有有色人种为争取平等、公平的就业机会而展开斗争。

平等人权的建立也不能仅限于欧洲或亚洲。我们必须找到一种方法，在美国国内，在我们家门口建立有助于实现民主的政治、经济和心理环境。

然而，只有少数人意识到，我们还必须克服另一种形式的偏见，这种偏见所针对的对象包括了整个人类一半的人口，并延伸到每个家庭，在最亲密的人际关系——夫妻之间、父母之间——中表现得尤为明显。这种偏见特别隐秘，因为许多参与者完全没有意识到他们处在冲突和竞争之中，而且它还与几百年来传统文化中亲密关系的变化有关。这些冲突和竞争不仅影响男女之间的关系，也影响母女之间的关系、女性与同性朋友之间的关系。女性的充分解放是发展平等人权的必要条件。任何倒行逆施的做法都无异于法西斯主义。

平等观念的不断推进阻止了社会重回男性主导的状态——不论反对力量的抗争多么激烈，也不论他们取得了多少次胜利。另一方面，女性也不会成为社会的主导性别。正如男性专制在平等观念下无法立足一样，女性专制也无法在平等的观念下存活。惊慌、气馁的男性可能会暂时通过某些社会群体来对抗这个变化，而这个群体在努力压制女性权利的同时，也在努力压制其他种族的权利和信仰。然而，那些压迫者必定会失败。他们不得不时刻保持警惕，不断保卫自己，以免受到被压制者的迫害，因为被压制者肯定会为夺回自己的权利而战。不论他们建构怎样的心理防御或攻击体系，这些都不足以永远维持他们的霸权。恐惧是他们应得的报应。由于对同伴的不信任，他们丧失了真正的安全感，而这种安全感只有在与他人联合、在他们真正意识到自己被同伴接受时才能获得。

只要有人在为自己的优势地位而战，那他使用的所有计谋和防御手段，都与幸福、和谐格格不入，而幸福与和谐永远是人类最深切的渴望，人类为之工作、斗争，为之生，甚至为之死。随着社会文明取得明显进步，人类逐渐发展出一种没有强迫和压制的和谐生活理念。任何逆历史潮流而动的人都会灭亡。[1] 随着人类战胜自然的进展，随着社会变革的

---

1 阿尔弗雷德·阿德勒，《社会兴趣：对人类的挑战》（*Social Interest: A Challenge to Mankind*），乔治·帕尔默·普特南出版公司，纽约，1940年。

推进，越来越少的人在满足自己的基本欲望方面遭受挫折，吝啬和猜疑会越来越少，慷慨和善意将与日俱增，平等观念的力量也必将不断增强。

## 女性对社会进步的贡献

我们每个人如何才能为人类的进步做贡献？似乎只有通过个人的努力，通过自己与他人的互动才能实现这种贡献，而最能体现贡献的场所就是我们各自的家庭。女性在面对性和婚姻中出现的紧迫问题时，会比男性更容易认识到其背后真正的原因所在。男人常常因为骄傲自大而不愿意承认自己的态度和行为动机，更具体地说，他们害怕自己和对手（包括女性）的关系日益平等。而长期以来处于劣势地位的女性，可能更容易明白这一点。因此，女性将在争取平等的斗争中发挥最重要的作用，尤其是在两性问题上，她们会为争取和平与和谐而进行强有力的斗争。

作为社会、经济、生活的一部分，女性必须认识到自己的责任，否则，她们会重新陷入被奴役的状态，妨碍社会平等化的进程，而这个进程对全世界来说都至关重要。目前，女性参政可能不会对政治格局产生直接的影响。由于各自的成长经历、家庭条件和个人发展不同，女性有可能是进步的，也有可能是保守落后的。但如果女性不仅作为选民，而且作为制定规则的人积极参与政治，那么其影响将是深远的。自从女性进入工厂工作，我们的工厂环境在很多方面都发生了变化。如果女性能够占据国会一半的席位，国会的局面就会截然不同，这样的变化将使相关的政府机构受益匪浅。凡是女性积极参与的政治斗争——例如一些地下运动——都能鼓舞人心，给更多的人带去热情。当男人为追求权力、声望和个人优越感而战时，女性参与政治会起到良好的平衡作用。男人和女人在性别混合群体中的表现，与其只在同性群体中的表现不同。而且很有可能在女性的参与下，许多立法机构在运作程序上也会得到改善，就像男女同校给学校带来改善一样。

当女性要求享有平等的政治权利，并且更关心经济、政治以及公共和社会事务时，她们不仅在为同性服务，而且也在为整个社会服务。女性是否可以胜任男性工作已不再是一个需要证明的问题了，历史已经证明过了。现在的问题是女性如何承担起责任，不再逃避公民应尽的义务。女性能否获得全面的社会地位和政治地位，进步力量和反动力量哪个能获胜，这取决于我们所有人的勇气和决心。同时，这也取决于女性是只关注她们当前活动的圈子，还是具有足够的社会兴趣去关注全体人类面临的共同问题。

由于女性之前不被允许参与公共事务，因此我们有理由期待，她们的全面参与可以带来正面的影响。往往那些遭受过歧视、被剥夺或限制人权、受人摆布的人，会对社会关系的本质和社会中的不公正现象格外敏感。如果女性逆来顺受，她们就会成为社会进步的障碍。但是，一旦女性实现自我解放，她们就可以将社会推向更美好、更健康的发展状态。

## 迈向新文化

为了更清晰地明白未来的男女关系，我们有必要对男女平等的发展过程有所了解。建立在相互理解和协助基础上的新型人际关系，离不开对同胞的深厚情感，它可以带来男女之间的和平，使其尊重彼此的权利和尊严，而不是对彼此充满恐惧和不信任。对社会进化心存质疑的人，不相信人类能真正关心彼此并对他人完全友好，因此他们会阻碍互相合作的进程。对他们来说，爱和性永远充满敌意和竞争。他们不仅怀疑男女平等能否实现，而且否认人类能够克服其"与生俱来"的敌意和竞争意识。在他们看来，没有嫉妒的爱是不可能存在的。

人类在心理和情感上是否能产生真正的善意，拥有发自内心的社会兴趣呢？当我们看向当今的人类时，我们可能倾向于悲观的答案。但必须认识到，就社会和谐而言，如今的人类可能正处于最糟糕的境地。我们知道，当今人类之间的社会关系比以往任何时候都紧张，因为我们正生活在两个文化阶段的过渡期，人类正朝着一种从未体验过的人际关系的新平衡前进着。这种平衡基于合作和平等的新观念，以人与人之间新的归属感和认同感为特征。随着社会和经济的发展，人们越来越需要这种平衡，同时它必然会创造新的社会和经济环境，并产生前所未有的巨大影响。

## 未来的人类

我们对未来人类的精神、道德、智力发展的推测，并非凭空而来。通过对当今的人类和心理学知识的了解，我们得以对人类实际的或"先天"的各种能力进行具体的评估。我们已经能够回答这个问题，即不论人类的道德意识和智力水平如何，他们在本质上是否自私而无情。事实证明，人的情绪是可以改变的，人类对未来的发展是有信心的，这些并不是空想家和不切实际的浪漫主义者的幻想。

心理学和精神病学对社会学的理论做出了重要贡献。

通过对诸多个体（尤其是儿童）的仔细分析，一个惊人的事实被揭示出来：无一例外地，每个人都拥有成百上千种未被发现的潜能，这些潜能从未得到开发，甚至常常在人们察觉之前就已被埋没。阻碍个人适应社会并取得成功的因素，都是人为因素，是儿时遭受重大挫折的结果。我们如今养育孩子的方法，也只是在知识和艺术方面优于祖先。许多原始部落对孩子进行的情绪教育[1]——关于勇气、自信和耐力的教育，比我们当今最好的教育家所梦想的都要好。

我们教授孩子文化和文明，也就是教他们读书、写字、数数，以及掌握各种技能，却没教给孩子如何与他人相处。相反，我们不断消磨孩子的勇气。当今文明的最大诅咒，就是把我们最亲近的人变成了竞争对手，这种状况出现在托儿所、学校和家庭教育中。孩子们的各种潜质刚刚萌芽，就遭到了扼杀。当孩子们需要帮助时，他们得到的却是误解、忽视和沮丧，他们最基本和最重要的需求并没有得到满足。面对成人的自私和占有欲，他们怎么可能培养出自信和社会兴

---

[1] "萨摩亚人有着独特的社会文化背景，在那里孩子们可以简单快乐地成长，这主要归因于整个萨摩亚社会所充溢着的普遍的随和性。" 玛格丽特·米德，《萨摩亚人的成年》（*Coming of Age in Samoa*），威廉·莫罗出版公司，纽约，1928年。

趣？在这样不利的条件下，我们还能克服诸多困难获得成长，创造了今天的文明，由此可见，人类的力量是多么强大！然而，我们还没学会成熟。我们看似已经是成人了，但在脆弱的外壳下，几乎每个人都是被纵容的、恐惧的、缺乏安全感的胆怯的孩子。谁能否认这一点呢？

在进行心理治疗和儿童指导的过程中，我们目睹了在孩子身上显现出来的某些品质，但如果没有心理治疗和指导，它们永远不会得到发展。尤其是当儿童受到新的激励时，他们往往会在智识、艺术和道德方面有所成长，尽管得到这种机会的孩子是少数的，但这仍能说明心理治疗和指导的有效性。到目前为止，只有少数人接受过精神病治疗，而且并非所有接受过精神病治疗的人都取得了良好的效果，因为他们所处的环境和态度并不总是能得到充分的改变。尽管如此，这些再教育经历带给人们的改变仍驳斥了某些人对我们的批评——他们认为我们的态度不切实际，推论也过于乐观。

人类学研究似乎也证明了人类潜能的存在。在过去的两万五千年里，人类在生理上几乎没有发生什么变化。我们的大脑与史前克罗马农人的大脑几乎完全相同，但我们现在对大脑的使用却与之前有很大不同。要让我们的大脑像今天一样运作，这需要大量的时间和经验积累，但大脑的这些能力实际上在数千年前就已经存在了。这种从较低阶段到较高阶段的发展，在历史上曾多次发生，而在我们这个时代也可以明确地看到这一发展。生活在偏远地区的原始部落，没有受到现代文明的影响，仍然保持着原始、粗暴和未开化的状态，在艺术和科学领域比我们落后很多。但是，如果将他们中的某一个人带入我们的文明社会，他很快就会获得在他的部落中难以想象的生活技能和高超智力。在他的部落环境中，没有人能想到他会拥有这样的素质和潜能，如果继续生活在那里，他永远无法开发出这些潜能、培养出这些技能。从生理上来说，他的基因与仍然生活在部落中的亲属没什么不同。如今，在这些"土著居民"的后代中，我们发现了达到人类最高智力水平的人。他们中有科学家、艺术家、专业人士等。即使是他们中不太聪明的人也学会了阅读和写作，而这是他们在丛林中生活的最聪明的亲属永远无法掌握的。不需要改变大脑，不需要改变先天的身体结构，他们就可以达到更高的文化水平。这就是事实，这些群体是这样，其他群体也是这样。

当我们的孩子还小的时候，他们只需要付出很少的努力就能掌握成人学习多年才能掌握的技能，这表明孩子拥有巨大的学习潜能。孩子们的智力、道德和情绪潜能没有被充分利用，这不是他们的错，而是那些指导者和教养者的错。曾经，华生努力尝试让这一事实获得广泛认可，[1]但他失败了，因为他只从结构上看待这个问题，好像孩子的行为只是对偶尔出现的刺激或兴奋做出的反应，而不受整体环境的影响。孩子的进步不仅需要机械性的刺激，孩子的每种优点和缺点都反映了作为个体在他所属的社会群体中能起到的作用。我们缺乏的不仅是更好的育儿技巧，还有开发孩子潜能的社会精神。真正影响孩子发展的就是我们的社会精神，不论这种影响是正向的还是负面的。因此，影响孩子长成什么样子的因素，更多的是竞争、恐惧和敌意的精神，而不是通过遗传而具有的各种能力。

如果人类能够建立起促进社会归属感和合作发展的生活环境，那么到那时——也只有到那时——我们所有的孩子、所有的人，才将有公平的机会充分发展自己的能力、道德和情绪。到那时，人类可能会变得完全不同，就像我们不同于原始部落的人一样。我们可以推测，未来的人类将具有更高的社会兴趣、更强的责任感，而且更少在意自己的享乐与声望。未来人类的智力可能很容易达到甚至超越当今少数天才的智力，而现在只有这些个别的天才能克服这个时代强加给他们的社会和文化障碍。未来人类的智力发展会与

---

1. 约翰·华生，《行为主义》（*Behaviorism*），诺顿出版公司，纽约，1925年。

他们的情绪成熟度相一致。攻击性的情绪将被认为是不适应环境的人的"工具",而不再被误解为自然的"驱动力"。在个人生活中,我们的情绪会发生变化并趋于成熟,同样这样的变化和成熟也会发生在整个社会中。

到那时,爱情可能与我们今天所体验的完全不同。当占有、攻击和竞争等因素从男女关系中消除时,嫉妒就再无立足之地,甚至性爱的感受都可能从根本上发生改变。因为我们知道,即使是同一个人在受到性刺激时,其身体和情绪的反应也都是不同的。如今,男女之间的"熟悉感"和"例行公事"往往会抑制性欲。未来,对性欲的这种抑制也将不复存在。

我们无法预测,未来是否会出现性放荡的情况。因为我们无法清晰地想象,当两个人将价值观和兴趣看得比追求性兴趣和征服感更重要时,他们之间的关系会走向何方。

## 一夫一妻制的挑战

一旦性观念变得"纯粹",不再对男女关系和社会关系构成束缚,我们就能解答那个永恒的问题——人类是否可以实行真正的一夫一妻制?人类的天性是否允许乃至要求这样的模式?我们必须面对这样一个事实——尽管在过去的两千年里，基督教及欧美的公众舆论，一直对一夫多妻制嗤之以鼻，并要求婚姻关系保持稳定，但一夫一妻制始终都不是人类关系的常态，甚至到现在也没有稳固地得以建立。虽然法律要求实行一夫一妻制，但它只是形同虚设。男性在社会中的主导地位赋予他性特权，这阻碍了真正的一夫一妻制的实现。只要某一个性别被认为在社会地位上优于另一个性别，并享有特权，就不可能建立一夫一妻制。唯有实现两性平等，男女之间的这种独特关系才有可能获得真正的发展。只有到那时，一夫一妻制才能真正实行，人类才会明白它是会提升还是限制人的幸福感和自我表达。

我们通过对人类心理和情感需求的了解得知，他们强烈渴望一夫一妻的婚姻关系。两个人之间紧密而排他性的结合，是两个人最亲密的融合，因为这种结合使他们拥有最深切、最充分的属于彼此的感觉。然而，只要一夫一妻仍被视为一种义务和道德责任，这种程度的结合就不可能实现。未来的婚姻可能会是一种完全不同的形态——两个自由平等的个体互相达成协议，不再受到"罪恶"的污名或"法律惩罚"的威胁。双方都有权和对方在一起，而他们选择这样做并不是因为他们有义务这样做。在这样的共同生活中，每个人都有权做自己最喜欢的事情，同时会自觉避免做对方不喜欢的事情。

## 建设性的态度

这样一来,世界性的大问题就与日常的性和婚姻问题有了关联。在人类最亲密的关系中,我们也面临着这个时代的诸多根本问题。当下每一个具体问题的解决都需要我们具备勇气和责任感,只有具备了这种态度我们才能解决一切社会问题。恐惧和悲观会导致危险的增加,压迫和武力会引发对抗和战争。将责任推给他人和环境,只会增加混乱和困惑。但是,如果我们对所涉及的问题没有清晰的认识,就无法将我们的勇气用在有效的行动中,也无法承担做出决断的责任。[1]政治和经济方面的进步,必须辅以教育方面的努力,以消除人们对同胞的旧观念和旧态度。教育必须真正惠及丈夫、妻子和子女,帮助他们重新适应社会生活中新的基本要求。家庭中的所有人都必须对自己的能力和责任有所认知。

我们也必须认识到,目前我们正站在新文化的门槛上。新的道德观念与科学观念的基本变化保持一致。技术进步、对核能的掌握、工业生产力的提高,赋予我们前所未有的战

---

1 尽管下一代建立新的生活状态的过程从未得到系统的、建设性的指导,但约翰·杜威认为这种"社会工程"是可行的,而且可能是极其成功的。见其著作《人性与行为》(*Human Nature and Conduct*),亨利·霍尔特出版社,纽约,1922年。

胜自然的力量，这和我们新的社会结构相契合。我们所经历的创业的艰难，并没有让我们对进步感到绝望，它反而表明了旧势力在新力量的威胁下垂死挣扎着。通过教育，人们逐渐了解了物理科学领域、社会科学领域的新研究，也对科学探索的意义有了新的认识。随着知识的拓展，人类掌握了越来越多的科学真相，所有科学也都更加紧密地结合在一起。一幅崭新的宇宙图景出现了，它将对技术、社会、宗教和道德观念产生深远的影响。

## 与性和平相处

随着人际关系中的其他元素变得越来越重要，性将发挥不同于以往的作用。随着对彼此责任感的加深和发展，肉体的结合将象征着两个人精神的统一。当我们成为自己情绪的主人而不是奴隶时，性行为将成为一种自我表达的媒介，而不是彼此间的驱使和折磨。

我们这一代人经历了苦难和困惑，可我们也是更加发达、更加强大、具有更深层次文化的未来人类的祖先。通过奋斗，我们打开了一扇扇通往进步的大门。在痛苦中，我们创建了一个新世界。我们对性和其他任何社会问题的态度，恰恰体现着我们为改变世界所做的贡献。认识到这一点，我们也就能认识到每个个体对未来发展都负有责任,而未来的发展离不开当下。如果能接受这个观点,我们对面临的生活问题的看法就会有所不同。对未来模样的窥见,或许有助于我们将其变成现实。

图书在版编目（CIP）数据

婚姻：挑战／(美)鲁道夫·德雷克斯著；孙玉超译．—成都：天地出版社，2023.10
ISBN 978-7-5455-7858-4

Ⅰ.①婚… Ⅱ.①鲁…②孙… Ⅲ.①婚姻—家庭关系—通俗读物 Ⅳ.①C913.13-49

中国版本图书馆CIP数据核字（2023）第154107号

HUNYIN：TIAOZHAN
## 婚姻：挑战

| 出 品 人 | 杨　政 |
| --- | --- |
| 作　　者 | ［美］鲁道夫·德雷克斯 |
| 译　　者 | 孙玉超 |
| 责任编辑 | 张秋红 |
| 责任校对 | 梁续红 |
| 封面设计 | 绍　然 |
| 内文排版 | 挺有文化 |
| 责任印制 | 王学锋 |

| 出版发行 | 天地出版社 |
| --- | --- |
| | （成都市锦江区三色路238号 邮政编码：610023） |
| | （北京市方庄芳群园3区3号 邮政编码：100078） |
| 网　　址 | http://www.tiandiph.com |
| 电子邮箱 | tianditg@163.com |
| 经　　销 | 新华文轩出版传媒股份有限公司 |

| 印　　刷 | 河北鹏润印刷有限公司 |
| --- | --- |
| 版　　次 | 2023年10月第1版 |
| 印　　次 | 2023年10月第1次印刷 |
| 开　　本 | 787mm×1092mm 1/32 |
| 印　　张 | 10.25 |
| 字　　数 | 260千字 |
| 定　　价 | 78.00元 |
| 书　　号 | ISBN 978-7-5455-7858-4 |

版权所有◆违者必究

咨询电话：（028）86361282（总编室）
购书热线：（010）67693207（营销中心）

如有印装错误，请与本社联系调换。